A FRESH LOOK AT 10-14 UNDER THE NEW GUIDELINES

- Martine Pillette -

INTRODUCTION

New Guidelines:
- Less emphasis on topics
- More on development of knowledge & skills, including grammar
- Focus on building a stronger foundation in the early years -> better progression & more genuine communication.

GRAMMAR

Building on knowledge of English
- 'Children come to the learning of a ML with prior experience and learning (...) Embarking on the learning of a ML should build on what they already know.' **(5-14 Guidelines)**.
- Make comparisons with English
    - to facilitate understanding (known -> unknown)
    - to facilitate retention
    - to generate acceptance.
- Use grammatical terminology.
- See *Formule X 1* Student's Book pp... 27 - 28 - 41 - 57 - 59 ...

Practising grammar through all 4 skill areas
- Sound makes grammar 'stick' -> speaking & listening practice.
- Speaking makes for more intensive practice than writing.
- Grammar can provide vital clues in listening.

- Examples for speaking:
    - *Chat -> Un chat - Mon chat*
    - *Aller/Je -> Je vais*
    - *Il est grand -> Il n'est pas grand*
    - See *Formule X 1* Teacher's Book *eXpress* suggestions pp... 51 (top right) - 59 (bottom right) - p87 (bottom right) - p91 (top right) - p93 (left) ...
- Examples for listening:
    - *Ecoutez et dites «masculin», «féminin» ou «les deux»: Ennuyeuse, fatigant, calme, sportif...*
    - See *Formule X 1* Teacher's Book *eXpress* suggestions pp... 28 (left) - 50 (top left) - p87 (top left) - p92 (right) ...

Recycling grammar across topics
- E.g. learning to juggle with definite articles, indefinite articles and possessive adjectives.
- See *Formule X 1* Copymaster Pack p... 14 - 20 - 35 - 51 - 65 ...

From word endings to sentences
- Pupils need to work on sentence formation in order to use known language to better effect.
- Less able pupils too benefit from learning how simple sentences are put together (-> manipulation/substitution activities): more satisfying than rote learning.
- See *Formule X 1* Student's Book pp... 41 (act. 6) - p51 (act. 5-6) - p57 (act. 5) - p59 (A toi!) - p63 (act. 4) - p107 (act. 3) ...

PROGRESSION

We can break the topic stranglehold often responsible for erratic progression with greater emphasis on:
- grammar
- core language
- learning strategies
- recycling language in wider contexts
- independent reading.

Beyond topics - Recycling in wider contexts
- Unless trained to recycle language in new contexts, many pupils
    - do not make the most of what they know
    - do not manage to create their own messages.
- See *Formule X 1* Student's Book pp... 30 (act. 3) - p60 (act. 1) - p79 (act. 4: recycling of adverbs) - p97 (act. 5) ...
- See *Formule X 1* Teacher's Book *eXpress* suggestions pp... 29 (top left & bottom right) - p44 (bottom right) - p54 (top left) ...

Beyond topics - Reading independently

- Independent reading exposes pupils to a wider range of topics.
- Pupils retain a great deal of 'caught' vocabulary - as long as they are exposed to it.
- Independent reading must start early.
- *teXto* - in each *Formule X 1* Unit - is varied, both fun and informative, and uses almost exclusively cognates, near cognates and known language.
- See *Formule X 1* Student's Book: two *teXto* pages in every Unit, every 10 pages: pp 14-15, 24-25, etc.

PRONUNCIATION

New Guidelines:
- 'Pupils must learn to see the connection between words on a page and the spoken word.'
- 'They will become increasingly aware of word-sound relationships.'

A fresh look at pronunciation:
- The 'listen-and-repeat' approach on its own does not teach pronunciation: sounds have to be taught in relation to spelling.
- Where new words are first introduced through sound, the written word only interferes with pronunciation if pronunciation practice stops once pupils are shown the new words.
- See *Formule X 1* Student's Book pp... 15 - 22 - 34 - 37 ...
- See *Formule X 1* Copymaster Pack pp... 2 - 12 - 15 - 24 - 27 ...

CONCLUSION

For a brief, clear overview of the *Formule X* contents and methodology, see the introduction to the **Teacher's Book**, pp1-5.

FORMULE X AND THE 5-14 GUIDELINES

The 5-14 Guidelines in Modern Languages have at last been issued to Scottish schools and the attached information will be of help to Scottish teachers of French in primary and secondary schools in auditing their existing programmes.

They will find that *Formule X* is a highly useful resource in designing their programmes and in selecting appropriate instruments for assessment. Assessment in their programmes should arise naturally from their teaching rather than be bolted-on. The activities contained in the assessment sections in *Formule X* are appropriate for assessment throughout P6-S2.

To match the references to the NC levels south of the border each assessment activity has been matched closely to the levels in the new Guidelines in each of the four modes.

By linking attractive teaching material appropriate to the needs of teachers of French with a wide range of assessment instruments (including some for peer evaluation) *Formule X* provides the ideal teaching resource for Modern Languages 5-14.

FORMULE X LEVEL 1

Units 1-2		Units 3-4	
Listening		**Listening**	
1	C	1	C
2	C	2	D
3	C	3	C/D
4	C		
Reading		**Reading**	
1	C	1	C
2	C	2	D
3	C	3	D
4	C		
Writing		**Writing**	
1	C	1	C
2	D	2	D
3	D	3	D
		4	D
Speaking		**Speaking**	
1	C	1	C
2	C/D	2	C
		3	D
		4	D
Units 5-6		Units 7-8	
Listening		**Listening**	
1	C	1	C
2	D	2	D
3	D	3	D/E
4	D		
Reading		**Reading**	
1	C	1	C
2	D	2	D
3	D	3	D
4	D	4	E

Writing		Writing	
1	C	1	C
2	D	2	D
3	E	3	E

Speaking		Speaking	
1	D	1	D
2	D/E	2	D
3	D/E	3	D/E

Units 9 - 10		**Exam 1 - 12**	
Listening		Listening	
1	C	1	C
2	D	2	C/D
3	D	3	D
4	E	4	D/E
		5	level E

Reading		Reading	
1	D	1	C
2	E	2	D
3	E	3	D
		4	D/E

Writing		Writing	
1	C	1	D
2	D	2	D
3	E	3	D/E

Speaking		Speaking	
1	C	1	C
2	D	2	D
3	D	3	D
4	D/E	4	D/E

Units 13 - 14							
Listening		Reading		Writing		Speaking	
1	C	1	D	1	C	1	D
2	D	2	E	2	D	2	E
3	E	3	E	3	E	3	E

FORMULE X LEVEL 2

Unites 1 – 2 Contrôle continu

Contrôle d'ecoute

(1)   5-14 C
(2)   5-14 C
(3)   5-14 D
(4)   5-14 D

Unites 1 – 2 Contrôle continu

Contrôle de lecture (1)

(1)   5-14 C
(2)   5-14 D
(3)   5-14 level E
(4)   5-14 level E

Unites 1-2 *Contrôle/ēcrit*

1 (a)   5-14 C
  (b)   5-14 C
2   5-14 D
3   5-14 C
4   5-14 D

Unites 1-2 *Contrôle oral (1)*

1   5-14 C
2   5-14 C
3   5-14 D

Contrôle oral (2)

4a   5-14 D
4b   5-14 level E

Unites 3-4 *Contrôle continu*

1   5-14 C
2   5-14 D
3   5-14 C
4   5-14 D
5   5-14 D

Contrôle de lecture

1   5-14 C
2   5-14 D
3   5-14 level E
4   5-14 level E

Contrôle écrit

1	5-14 C
2	5-14 D
3	5-14 level E
4	5-14 level F

Contrôle oral

1	5-14 D
2	5-14 level E
3	5-14 level E
4	5-14 level F

Unites 5-6

Contrôle d'écoute

1	5-14 C
2	5-14 C
3	5-14 D
4	5-14 level E

Contrôle de lecture

1	5-14 D
2	5-14 D
3	5-14 level E
4	5-14 level E

Contrôle écrit

1	5-14 D
2	5-14 D
3	5-14 level E
4	5-14 level F

Contrôle oral (1)

1	5-14 D
2	5-14 D

Contrôle oral (2)

3	5-14 level E

Unites 7-8

Contrôle d'écoute

1	5-14 C
2	5-14 D

Contrôle d'écoute

3   5-14 level E
4   5-14 level F

Contrôle de lecture

1   5-14 C
2   5-14 D
3   5-14 level E
4   5-14 level F

Continue ēcrit

1   5-14 level E
2   5-14 level E

Contrôle ēcrit

3   5-14 level E
4   5-14 level F

Contrôle oral (1)

1   5-14 D
2   5-14 D

Contrôle oral (2)

3   5-14 level E

Contrôle oral (3)

4   5-14 level F

Unites 1 - 10 Examen

Contrôle d'ēcoute (1)

1.   5-14 D
2.   5-14 D

Contrôle d'ēcoute (2)

1.   5-14 level E
2.   5-14 level E

Contrôle de lecture

1.   5-14 C
2.   5-14 D
3.   5-14 level E
4.   5-14 level F

Contrôle écrit

1.   5-14 D
2.   5-14 D/E
3.   5-14 level E

Contrôle oral

1.   5-14 C
2.   5-14 D
3.   5-14 level E

Unites 11-12

Contrôle d'écoute (1)

1.   5-14 C
2.   5-14 D
3.   5-14 level E
4.   5-14 level E

Contrôle de lecture

1.   5-14 C
2.   5-14 D
3.   5-14 level E
4.   5-14 level E

Contrôle écrit (1)

1.   5-14 level E
2.   5-14 level E
3.   5-14 level F

Contrôle oral

1.   5-14 level E
2.   5-14 level E
3.   5-14 level F

FORMULE X 3 AND THE SCOTTISH STANDARD GRADE

The continuous assessment tasks in both of the Fx3 books (Gold and Platinum) have been allocated the most suitable Standard Grade Level in terms of their difficulty.

In both books the overwhelming majority of the tasks are appropriate for General and, even more so, Credit levels. There is a (slightly) greater concentration of tasks viewed as "Credit" tasks in the Platinum book.

Most assessment tasks are highly appropriate for examination practice at Standard Grade in all 4 modes. Only tasks requiring awards in French (except in Writing) would be valid only for classroom practice and not for assessment.

Teachers considering a switch to an Intermediate course within the Scottish National Qualifications Framework will also find much of value in Formule x 3.

Tasks appropriate for Foundation Level are available in greater quantity in Fx 1 and 2.

Teachers may wish to consider an 80% benchmark in each of the tasks as being typical of a performance at the upper level of General and Credit levels.

Fx 3 GOLD

1-2 CONTRÔLE CONTINU

LISTENING

1a	F
b	F
2a	F
b	F
3	F
4a	F/G
b	F/G

SPEAKING

1	F
2	G
3	G

READING

1	F
2	F
3a	G
b	G
4a	C
b	G/C
5	C

WRITING

1	G
2	G
3	G
4	G

Fx 3 GOLD – LEVEL 3

3-4 CONTRÔLE CONTINU

LISTENING

1a	F
b	F
2a	F
b	G
3a	F
b	G
4a	G
b	G

SPEAKING

1a	G
b	G
2	G
3	G

READING

1	F
2	G
3a	G
b	G
c	C
4a	C
b	C

WRITING

1	G
2	C
3	C
4	C

Fx 3 GOLD – LEVEL 3

<u>5-6 CONTRÔLE CONTINU</u>

LISTENING

1a	G
b	G
2a	G
b	G
3	C
4	C

SPEAKING

1	G
2	G
3	G

READING

1a	G
b	G
2a	F
b	F
c	G
3a	G+
b	C
3	C

WRITING

1a	G
b	G
2	G+
3	Cauchemar- C

Fx 3 GOLD – LEVEL 3

<u>7-8 CONTRÔLE CONTINU</u>

LISTENING

1   G
2a   G
 b   G
3   C

READING

1a   G
 b   G
 c   G/C
2a   G
 b   G
3a   C
 b   C
 c   C

SPEAKING

1   G
2   G
3   G

WRITING

1   G
2   G/C
3   C

Fx 3 GOLD – LEVEL 3

9-10 CONTRÔLE CONTINU

LISTENING

1   F/G
2a   G
 b   G
3   C

SPEAKING

1   G
2   G
3   C

READING

1   G
2a   G
 b   G
3a   G
 b   C

WRITING

1   G
2   G
3   C

Fx 3 PLATINUM

1-2 CONTRÔLE CONTINU

LISTENING

1a	F
b	F
2	G (answers in English) , C (answers in French)
3	G
4	C

SPEAKING

1	F
2	G
3	C

READING

1	G
2a	G
b	G
3	C
4	C

WRITING

1	G
2	G
3	C

Fx 3 PLATINUM

3-4 CONTRÔLE CONTINU

LISTENING

1a	G
b	G
2a	G
b	G
3	G
4a	C
b	C

SPEAKING

1	G
2	G
3	C

READING

1a	G
b	G
2a	C
b	C
3a	C
b	C
4	C

WRITING

1	G
2	C
3	C

Fx 3 PLATINUM

5-6 CONTRÔLE CONTINU

LISTENING

1	G
2	G
3a	G
b	C
1	C

SPEAKING

1	G
2	G
3	C

READING

1a	G
b	G
2	C
3a	C
b	(page 62?) C
4	C

WRITING

1	G
2	C
3	C

Fx 3 PLATINUM

<u>7-8 CONTRÔLE CONTINU</u>

LISTENING

1   G
2a C
 b C
3   C

SPEAKING

1   G
2   G
3   C

READING

1a C
 b C
 c C
2a C
 b C
3a C
 b C

WRITING

1   G
2   G
3   C

Fx 3 PLATINUM

9-10 CONTRÔLE CONTINU

LISTENING

1	G
2	G
3a	C
b	C

READING

1a	G
b	C
2a	C
b	C
3a	C
b	C

SPEAKING

1	G
2	G
3	C

WRITING

1	G
2	C
3	C

Copymasters and Assessment pack

formule **X**
LEVEL **2**

Contents

Published by HarperCollins *Publishers* Limited
77–85 Fulham Palace Road
Hammersmith
London
W6 8JB

www.**Collins**Education.com
On-line support for schools and colleges

ISBN 0–00–320277–1

British Library Catalogue in Publication Data
A catalogue record for this publication is available from the British Library.

Commissioned by Melanie Norcutt
Designed by Eric Drewery
Edited by Catriona Watson-Brown
Cover design by Blue Pig Design
Production by Katie Morris
Printed and bound by Martins the Printers, Berwick-upon-Tweed

Acknowledgements
The Author and Publishers would like to thank the following for their assistance
during the writing and production of *Formule X* Level 2:

Alison Edwards; Sue Hewer; Anne Maclennan, The Duke of York's Royal Military
School; Mandy Margham, St Bede's RC High School and Kate Townshend,
Moorside High School, for assistance in the development of, and for commenting on,
the manuscript.

Illustrations
Nick Duffy, Belinda Evans, Nigel Kitching and Paul McCaffrey, all of Sylvie Poggio
Artists' Agency

You might also like to visit
www.**fire**and**water**.co.uk
The book lover's website

Est, ouest et le reste

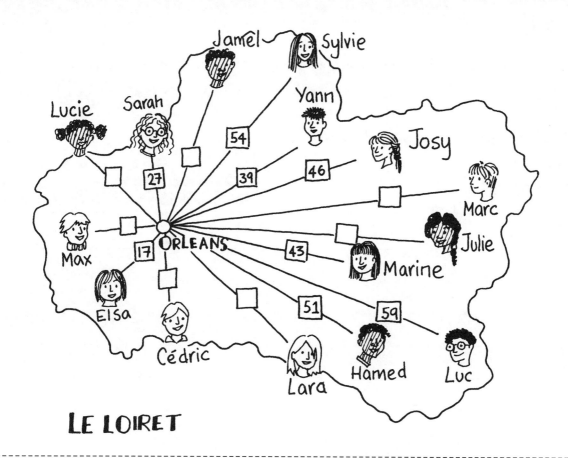

LE LOIRET

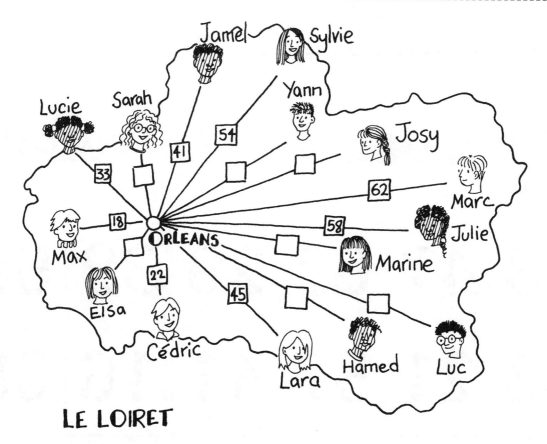

LE LOIRET

Comment est ta ville?

Feuille **2A**

Recopie le texte de l'activité 4 p9, mais change au moins dix mots ou expressions.

Exemples:

ville ➔ village (attention: féminin ➔ masculin)

est ➔ n'est pas

très ➔ assez/trop

quelquefois ➔ souvent/rarement

┌─ **Glossaire** ──────────────┐
│ au moins dix mots = dix mots minimum │
└──────────────────────────────┘

_____

_____

_____

_____

_____

_____

_____

_____

_____

eXpo

Feuille **2B**

58	47	63	29	39	66
43	21	57	41	16	68

Est-ce que tu préfères Orléans?

SILENCE

Café

te**X**to

Quiz-géo

Traduis **1–5** à l'aide du quiz p16.

1 combien = _____ (question 1)

2 countries = _____ (question 1)

3 quel = _____ (question 2)

4 men = _____ (question 2)

5 more or less = _____ (question 7)   [ ] /5

Départements

a Cherche **1–4** dans un atlas à l'aide de la page 16.
   Tu trouves? Coche le département!

   1 la Réunion   [ ]

   2 la Guadeloupe   [ ]

   3 la Martinique   [ ]

   4 la Guyane française   [ ]   [ ] /4

b Complète **1–8** à l'aide de la page 17.

   Exemple le Finistère: **29 (vingt-neuf)**

   1 la Dordogne: ___ (_____)

   2 le Calvados: ___ (_____)

   3 la Loire: ___ (_____)

   4 les Pyrénées atlantiques: ___ (_____)

   5 les Alpes maritimes: ___ (_____)

   6 le Nord: ___ (_____)   [ ] /6

c Complète le résumé
   à l'aide de la page 17.

métropolitaine	principale	d'outre-mer	100	nom

   Au total, la France a _____ départements. Chaque département a un numéro et un

   _____ . Le Loiret est en France _____ ,

   mais la Guadeloupe est en France _____ .   [ ] /5

   Dans le Loiret, Orléans est la ville _____ .

   Total: [ ] /20

Mes correspondants

Feuille **1A**

	Correspondants	Voudrait . . .
Simon	*une: Ecosse* *un: Etats-Unis*	*un: Chine*
Tanya	✗	*une: Canada* *une: Irlande*

Est-ce que tu connais la France?

Feuille **1B**

Je connais	je voudrais	j'adore	aller
voir mon correspondant			mais
pour	et	parce que	aussi
l'Allemagne,	en Espagne		la plage.

eXpo

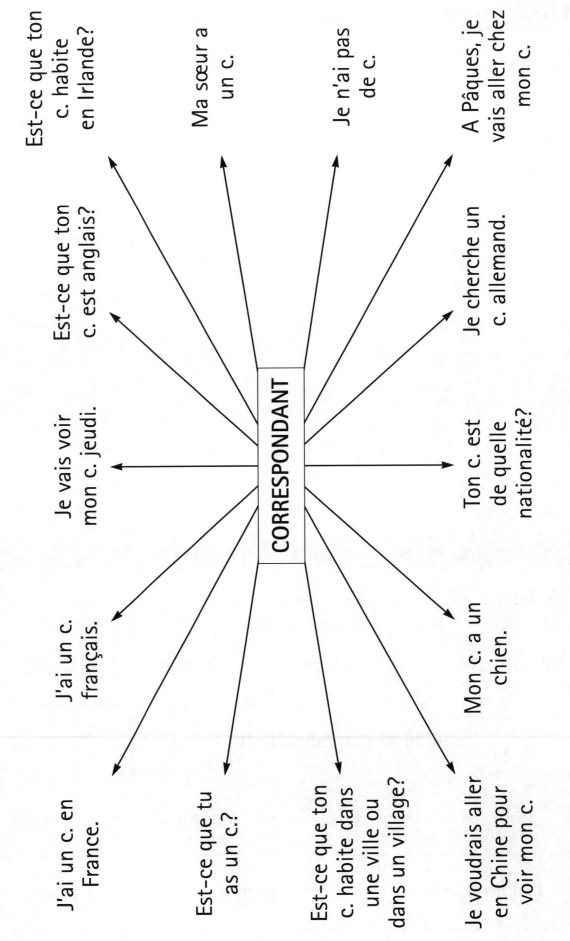

CORRESPONDANT

Est-ce que ton c. habite en Irlande?

Ma sœur a un c.

Je n'ai pas de c.

A Pâques, je vais aller chez mon c.

Est-ce que ton c. est anglais?

Je cherche un c. allemand.

Je vais voir mon c. jeudi.

Ton c. est de quelle nationalité?

J'ai un c. français.

Mon c. a un chien.

J'ai un c. en France.

Est-ce que tu as un c.?

Est-ce que ton c. habite dans une ville ou dans un village?

Je voudrais aller en Chine pour voir mon c.

te**X**to

La Marseillaise

Allons, enfants de la Patrie,
Le jour de gloire est arrivé.
Contre nous de la tyrannie,
L'étendard sanglant est levé,
L'étendard sanglant est levé.
Entendez-vous dans les campagnes
Mugir ces féroces soldats!
Ils viennent jusque dans nos bras
Egorger vos fils, vos compagnes.

Aux armes, citoyens!
Formez vos bataillons!
Marchons, marchons,
Qu'un sang impur
Abreuve nos sillons!

Come, children of the fatherland,
The day of glory has arrived.
The flag of tyranny,
Is raised against us,
Is raised against us.
Can you hear those ferocious soldiers,
Roaring in the countryside!
They come and cut the throats,
Of your loved ones in our very arms!

To arms, citizens!
Form your batallions!
Let's march on, let's march on,
And shed their impure blood,
On our fields!

Feuille **4**   Nom ---

formule
X
LEVEL **2**

teXto

Quiz-géo

Fais **1** et **2** à l'aide du quiz p28.

1 Traduis:

where are = _____

where is   = _____

2 Complète la grille à l'aide d'un dictionnaire.

Adjectifs	Noms
portugais	le *Portugal*
hollandais	la _____
marocain	le _____
turque	la _____

[ ] /5

Symboles français

Complète **1–5** à l'aide de la page 28.

1 _____ est le nom d'une statue.

2 _____ est la date d'une fête.

3 _____ est le nom d'une chanson.

4 _____ est la première couleur du drapeau français.

5 _____ est le premier mot symbolique de la Révolution.

[ ] /5

La Martinique

a Traduis **1–6** à l'aide de la page 29.

1 climate: _____

2 hurricanes: _____

3 volcanoes: _____

4 sugar cane: _____

5 pineapples: _____

[ ] /5

b Vrai ou faux? Réponds de mémoire ou à l'aide de la page 29.

6 1502: les Français arrivent en Martinique.   _____

7 Il y a deux langues principales en Martinique.   _____

8 Le climat est humide de novembre à juin.   _____

9 Fort-de-France est un département français.   _____

10 La Martinique importe du rhum et des bananes.   _____

[ ] /5   Total: [ ] /20

© HarperCollins *Publishers* Ltd 2001   8

Contrôle d'écoute (1) Listening (1)

 Ecoute **1–6** et écris les deux lettres.

Listen to **1–6**, look at the pictures and select two letters
(one from A–B and one from C–K).

Exemple

 J'habite dans un village dans le sud-est.

A **B**

Exemple **BF**

1 ____ 2 ____ 3 ____ 4 ____ 5 ____ 6 ____

(6 points)

 Ecoute **1–8**, lis **A–H** et trouve les opinions: écris la lettre.

Listen to **1–8** and select the correct opinion (**A–H**).

Exemple

 Dans ma ville, il y a beaucoup de loisirs.

A too many cars	**E** few cars
B little for leisure	**F** plenty of leisure activities
C not enough shops	**G** many shops
D not enough parks	**H** several parks

Exemple **F**

1 ___ 2 ___ 3 ___ 4 ___ 5 ___ 6 ___ 7 ___ 8 ___

(8 points)

Contrôle d'écoute (2)   Listening (2)

3 Ecoute **1–8** et écris le numéro qui correspond à chaque phrase.
Listen to **1–8** and write the correct number at the beginning of each sentence.

___ says: 'I know Canada'.

___ says: 'I don't know Canada'.

___ likes Canada very much.

___ doesn't want to go to Canada.

___ would like to see relatives in Canada.

___ would like to go sightseeing in Canada.

___ prefers another country to Canada.

___ prefers Canada to another country.

(8 points)

4 Ecoute le dialogue et réponds aux questions en français.
Listen to the dialogue and answer **1–5** in French.
You don't need to make complete sentences.

1 Le correspondant de Matthieu habite dans quel pays?

_____

2 Où est sa ville exactement?

_____

3 Ecris trois détails sur sa ville.

  • _____

  • _____

  • _____

4 Matthieu voudrait voir son correspondant quand?

_____

5 Avec qui?

_____

(8 points)

Contrôle de lecture (1)   Reading (1)

1 Lis **1–8** et regarde le dessin ➔ écris «vrai» ou «faux».
Look at the picture: are **1–8** true or false?

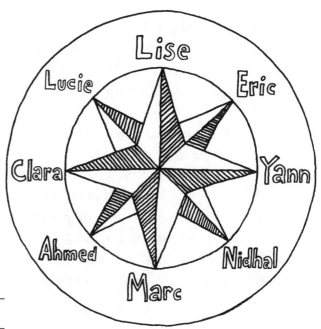

1 Marc habite dans le sud.

2 Yann habite dans le nord.

3 Lise habite dans l'est.

4 Clara habite dans l'ouest.

5 Ahmed habite dans le sud-ouest.

6 Eric habite dans le sud-est.

7 Nidhal habite dans le nord-est.

8 Lucie habite dans le nord-ouest.

1 ____   2 ____   3 ____   4 ____

5 ____   6 ____   7 ____   8 ____

(8 points)

2 Complète **1–6** avec **A–F**.
Complete the sentences by matching **A–F** to **1–6**.

1 Ma ville n'est pas très propre: **A** parce qu'il n'y a pas beaucoup de voitures.

2 Ma ville est moderne,   **B** le samedi, par exemple, elle est assez sale.

3 Ma ville n'est pas bruyante,   **C** parce qu'elle est très industrielle.

4 Ma ville est assez sale,   **D** parce qu'il n'y a rien pour les loisirs.

5 Il y a beaucoup pour les loisirs: **E** mais moi, je préfère les villes anciennes.

6 Ma ville est nulle,   **F** deux piscines, par exemple.

1 ____   2 ____   3 ____   4 ____   5 ____   6 ____

(6 points)

Contrôle de lecture (2)   Reading (2)

3 Lis **1–8** et écris ✔ (= opinion favorable) ou ✘ (= opinion défavorable).
Read **1–8** and write ✔ for good opinions and ✘ for bad opinions.

1 Il y a trop de voitures dans ma ville et, quelquefois, je ne peux pas dormir la nuit.

2 Il n'y a pas assez de loisirs pour les personnes de 15 ans ou moins.

3 C'est génial pour le shopping parce qu'il y a beaucoup de choix dans les magasins.

4 Pourquoi est-ce qu'il n'y a pas plus de parcs? Je ne sais pas! Une ville est plus jolie avec des parcs!

5 Ma ville n'est pas assez calme parce qu'elle est très grande et il y a beaucoup de voitures le jour et la nuit.

6 Quand je veux sortir, je peux aller au club des jeunes . . . au bowling . . . à la piscine . . . Ce n'est pas ennuyeux!

7 Il n'y a pas beaucoup de magasins parce qu'il y a une ville plus grande à 15km, mais il n'y a pas beaucoup d'autobus.

8 Je suis très sportif et il y a beaucoup d'activités sportives dans les deux parcs de la ville. Je peux aussi aller au centre sportif, qui est très moderne.

1 ____   **2** ____   **3** ____   **4** ____   **5** ____   **6** ____   **7** ____   **8** ____   (8 points)

4 Lis le texte et réponds aux questions en anglais.
Read the text and answer the questions in English.

J'habite dans une ville qui n'est pas très loin de Beaugency mais qui est plus grande. Souvent, on préfère les villes calmes, mais moi, je suis différente. Je ne sais pas pourquoi, mais je préfère les villes bruyantes et, pour moi, les voitures ne sont pas un problème: je dors bien.

Dans une grande ville, le choix de loisirs est un avantage, mais c'est difficile quand on n'a pas beaucoup d'argent*. Par exemple, je ne peux pas aller au bowling très souvent. Ma ville est idéale pour le travail parce qu'elle est plus ou moins dans le centre de la France: il y a beaucoup d'industrie parce que c'est facile pour le transport.

1 Was the text written by a boy or a girl? _____

2 Where is the town described here in relation to Beaugency?

_____

Glossaire
argent = money

3 How does the author of the text feel about the noise in the town?

_____

4 Does there seem to be much in the town for leisure? _____

5 Does this make the author of the text happy? Why or why not?

_____

6 Are there many jobs in the town? _____

7 Explain exactly why or why not.

_____

(8 points)

| *Contrôle écrit (1)* | Writing (1) |

1 **a** Complète **1–3** avec un pays.

Write down the country which goes with the nationality.

1 J'habite en A_____ . Je suis allemande.

2 J'habite en I_____ . Je suis indien.

3 J'habite aux E_____ . Je suis américain.

b Complète **4–6** avec une nationalité (au masculin ou au féminin).

Write down the nationality which goes with the country.

4 J'habite en Grande-Bretagne. Je suis b_____ .

5 J'habite en France. Je suis f_____ .

6 J'habite en Espagne. Je suis e_____ .   (6 points)

2 Complète **1–6** à l'aide des dessins.

Complete **1–6** using the pictures.

1    2    3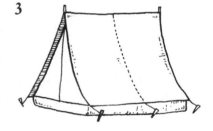

4    5    6

1 Rome est _____ en Italie.

2 Mon correspondant _____ s'appelle John.

3 Je veux aller en Espagne pour _____ .

4 Je suis française. Et toi? Tu es _____ ?

5 Je voudrais aller aux Etats-Unis _____ .

6 Est-ce qu'il y a _____ dans ta ville?

(8 points)

| *Contrôle écrit (2)* | **Writing (2)** |

3 Adapte le message: change les mots soulignés.

Copy the message, replacing the underlined words.

<u>Mon correspondant</u> est <u>anglais</u>, mais <u>il</u> habite dans <u>un village</u> qui est <u>en Ecosse</u>, dans <u>le nord-est</u>. <u>Il</u> aime bien <u>son village</u> <u>parce qu'il est calme</u>. Quelquefois, <u>il</u> va <u>en Irlande</u> pour voir <u>son père</u>.

Ma correspondante _____

_____

_____

_____

_____

_____

(8 points)

4 Ecris un message de 30–40 mots.

Write a message of around 30–40 words containing the points below.

- You would like a Spanish penfriend (a girl).
- You sometimes go to Spain with your family.
- Reason: beach.
- You like Spain but you prefer another country (of your choice).
- Give one reason for your choice of country.

_____

_____

_____

_____

_____

(8 points)

Contrôle oral (1)   Speaking (1)

1 Réponds aux questions de ton professeur sur la carte p160.

Answer your teacher's questions about the map p160, as in the example.

Exemple

> Où est Lyon?

> C'est dans l'est.

(5 points)

2 Prépare-toi à répondre aux questions.

Your teacher will ask you some of these questions. Without seeing the questions, you will have to answer in full sentences, and not just saying 'oui' or 'non'.

Est-ce que tu habites dans une ville ou dans un village?

Comment s'appelle ta ville/ton village?

C'est où?

Est-ce que tu aimes ta ville/ton village?

Pourquoi?/Pourquoi pas? (deux raisons)

Est-ce que tu connais le Canada?

Tu voudrais voir quel pays?

Pourquoi? (deux raisons)

Quelle ville est-ce que tu préfères dans ton pays?

Pourquoi?

(8 points)

3 Regarde les réponses et prépare-toi à poser les questions sans notes.

This time, read the answers and think up the questions. You will be allowed to look at the answers throughout but will not be allowed any notes.

1 Oui, j'ai un correspondant italien.

2 Non, j'habite en France.

3 Non, j'habite dans un village.

4 Non, il y a seulement une piscine.

5 Non, mais je connais le Canada.

(7 points)

Contrôle oral (2)   Speaking (2)

4 **a** Pose les questions de l'exemple à trois à six personnes ➜ complète la grille.

Ask between three and six people the two example questions ➜ tick the chart.

Exemple

> Spencer, tu veux aller dans quel pays?

> Je veux aller en Chine.

> Pourquoi?

> Pour voir ma famille.

Nom/Pays	Plage	Famille	Camping	Shopping	Tourisme
Spencer/Chine		✔			
_____					
_____					
_____					
_____					
_____					

b Prépare-toi à faire un exposé à l'aide de ta grille.

Prepare a presentation using your chart.

Exemple

> Spencer veut aller en Chine pour voir sa famille. Andrew ...

---

message **X**

You can extend the interviews a little to give more information for the presentations.

Example:
Spencer veut aller en Chine pour voir sa famille parce que ses grands-parents habitent en Chine, mais il ne connaît pas la Chine. Andrew ne veut pas aller en Chine: il préfère aller ...

(10 points)

C'est comment, chez toi?

Feuille **1A**

un salon	une salle de bains
un bureau	une cuisine
une chambre	des toilettes (f)
une salle à manger	

Feuille **1B**

a Complète les phrases avec des verbes au présent à l'aide des infinitifs.

1 Je _____ souvent mes devoirs dans la salle de bains. (faire)

2 Mes parents _____ quelquefois des CD dans le salon. (écouter)

3 L'après-midi, mon chien _____ souvent dans ma chambre. (dormir)

4 L'après-midi, ma mère _____ dans ma chambre. (courir)

5 Le soir, nous _____ quelquefois dans le bureau. (travailler)

6 Mes chats _____ préparer mes milk-shakes. (adorer)

7 Est-ce que vous _____ au Scrabble à deux ou à trois? (jouer)

8 Dans la famille, nous _____ bricoler dans les toilettes. (aimer)

9 Toi aussi, tu _____ souvent la télé dans ta chambre? (regarder)

10 Est-ce que vous _____ dans le salon ou dans la cuisine? (habiter)

b Relis les phrases et trouve les cinq phrases bizarres.

Numéros: ___ ___ ___ ___ ___

Qu'est-ce que c'est?

Ma chambre est froide.	Ma chambre est chaude.
Ma chambre est sombre.	Ma chambre est claire.
Mon lit est confortable.	Je dors bien.
Je partage avec mon frère.	Il y a trop de meubles.

Feuille **3**   Nom _____

eXpo

Chez moi, j'aime beaucoup ça,
Chez moi, c'est cool, oh là!

En ville, les voisins sont br_____ ,

En ville, les voisines sont jo_____ ,

Les maisons sont assez an_____ ,

Les appartements sont mo_____ .

Chez moi, c'est très sympa,
Chez moi, c'est cool, oh là!

Mes copains sont in_____ ,

Mes copines sont très am_____ ,

Mes frères, mes sœurs sont très ra_____ ,

Mes grands-parents sont assez l_____ .

Le jardin est en bas,
Il est très cool, oh là!

Les chats, les chiens sont br_____ ,

Et les tortues sont sym_____ ,

Les poissons sont assez ba_____ ,

Et les lapins sont très sp_____ .

Chez moi, c'est très bizarre,
Chez moi, c'est cool, oh là!
Chez moi, c'est très bizarre,
Oui, mais c'est cool, voilà!

© HarperCollins *Publishers* Ltd 2001   19

te**X**to

Tu connais la France?

Le quiz est difficile? Mais non! Lis ce texte . . .

Paris n'est pas dans le centre de la France mais dans le nord, à 230km de Calais (côte nord) et à 850km de Perpignan (frontière avec l'Espagne). Calais est sur la Manche, qui sépare la France de l'Angleterre. Paris est une ville idéale pour les touristes . . . et pour les Parisiens. Par exemple, le musée du Louvre est le plus grand musée qui existe. Tu aimes les nombres? Paris a plus de 6 000 rues: un total de 1 350km! La France a des îles très populaires avec les touristes: la Corse, par exemple, dans la mer Méditerranée. Et les villes? Beaucoup de villes ont une activité typique. Dans le sud-ouest de la France, le vin de la région de Bordeaux est excellent. Le Mans est une ville géniale pour les compétitions automobiles: les 24 heures du Mans, tu connais?

C'est vrai!

Tu as des problèmes avec «C'est vrai!» p40?
Voilà de l'aide.

- En France, le mot «pavillon» décrit une maison individuelle, souvent assez petite, mais pas nécessairement.
- Tu veux bien dormir? Choisis bien la couleur de ta chambre. Par exemple, le bleu clair est idéal, mais la couleur orange est impossible pour dormir!
- Tu veux très bien dormir? L'orientation nord-sud est préférable, avec la tête au nord.
- Dans un environnement à basse (low) température, le chat siamois a plus de couleur.
- Tu veux communiquer avec ton chat? Apprends le langage de sa queue!

Les maisons en France

a Cherche les mots 1–4 dans le dictionnaire ➜ lis «Les maisons en France» p41.

1 Royaume-Uni: _____

2 année: _____

3 sous-sol: _____

4 volet: _____

b Complète **5–10** de mémoire ou à l'aide de la page 41.

5 Les Français préfèrent habiter dans **une maison/un appartement**.

6 La majorité des Britanniques habitent dans **un appartement/une maison**.

7 Les Français changent de maison **plus/moins** souvent que (than) les Irlandais.

8 La majorité des maisons françaises sont très similaires: **vrai/faux**.

9 Plus de maisons ont un garage **en France/au Royaume-Uni**.

10 Les Français mangent **souvent/rarement** dans la cuisine.

Ma routine

Chez moi, le matin

 a Ecoute le rapport d'Ismaïl
et écris les nombres dans
les cercles du diagramme.

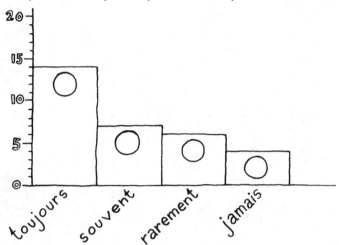

Est-ce que mes copains prennent le petit déjeuner?

b Complète le rapport écrit.
Dans la classe d'Ismaïl, . . .

- 14 personnes prennent toujours le petit déjeuner.

- _____

- _____

- _____

2 Et dans ta classe? Est-ce qu'on prend le petit déjeuner? Travaillez en groupe.

a Devinez les réponses de la classe complète:

Toujours: ___   Souvent: ___   Rarement: ___   Jamais: ___

b Faites les résultats pour ton groupe à l'aide de mini-interviews:

**Est-ce que tu prends
le petit déjeuner?**

Moi, je . . .

Toujours: ___   Souvent: ___   Rarement: ___   Jamais: ___

c Donnez les résultats du
groupe au professeur.

d Faites un diagramme avec les
résultats de la classe complète.

e Comparez avec **2a**: bravo . . .
ou non?

f En groupe, entraînez-vous à
présenter les résultats de la
classe oralement, sans notes.

---------- **Diagramme** ----------

te**X**to

Quiz-historique

Assemble les notes sur la biographie de Charles de Gaulle avec des lignes.

1 Aime	**a** défend la France.	
2 Carrière:	**b** trouve refuge à Londres (organise la défense de la France).	
3 Prisonnier en 1916,	**c** la lecture.	
4 1939–1945:	**d** 1945–1946 et 1958–1969.	
5 17 juin 1940:	**e** livres d'histoire.	
6 Président français:	**f** militaire et politique.	
7 Auteur de	**g** mais évasion.	

/7

Planète multimédia

a Fais correspondre les titres **1–6** avec les six articles (**A–F**) p53.

1 Ils ont un site! Et vous?   ___

2 Question de vocabulaire . . .   ___

3 Prof? Plus facile avec le Web!   ___

4 C'est vrai? Pas sûr . . .   ___

5 Trop, c'est trop!   ___

6 Facile avec des cédéroms!   ___   /6

b Ecris les verbes **7–12** à l'infinitif à l'aide des articles **4, 5** et **6** p53.

7 to contact: _____

8 to motivate: _____

9 to create: _____

10 to place: _____

11 to indicate: _____

12 to refuse: _____   /3

message **X**

All six infinitives are very similar to English, and they all end in *-er*.

te**X**to pp52–53

Dans les séries **1–4**, les noms sont masculins ou féminins?

1 antiquité – activité: _____

2 président – document – continent: _____

3 inventeur – aviateur – acteur – professeur: _____

4 invention – révolution – position – information – motivation –
imagination – multiplication – conjugaison: _____   /4   Total: ___ /20

Contrôle d'écoute (1)   Listening (1)

 Ecoute **1–6**: ils préfèrent quelle pièce à la maison? Ecris la lettre.
Listen: which room do **1–6** prefer at home? Write the correct letter.

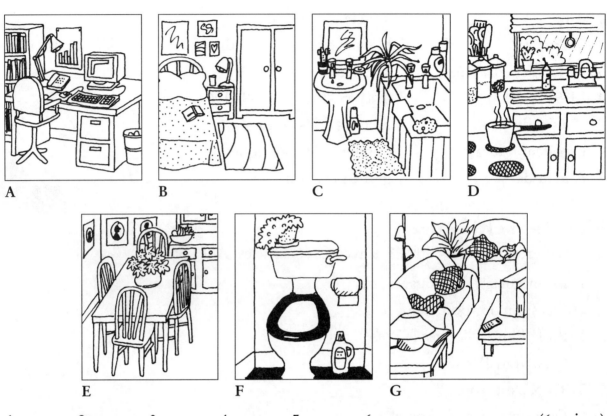

A   B   C   D

E   F   G

1 ___   2 ___   3 ___   4 ___   5 ___   6 ___   (6 points)

 Ecoute Mouloud qui parle de son appartment (**1–6**) → complète la grille en anglais.
Listen to Mouloud talking about his flat (**1–6**) and complete the grid in English.

	Room	Opinion	Reason
Ex.	Bedroom	*doesn't like it*	*too warm*
1	Study		
2	Lounge		
3	Kitchen		
4	Toilet		
5	Bathroom		
6	Dining room		

(6 points)

Contrôle d'écoute (2)   Listening (2)

3 Quand est-ce qu'ils font les devoirs? Ecoute **1–6** et choisis **A–G**.

When do they do their homework? Listen to **1–6** and select from **A–G**.

A A la maison avant le dîner.

B Après le collège, dans l'autobus.

C Le soir, au collège.

D A la maison après le dîner.

E A la maison, le matin, avant le collège.

F A la maison, avec le petit déjeuner.

G Au collège, à midi.

1 ___   **2** ___   **3** ___   **4** ___   **5** ___   **6** ___   (6 points)

4 Ecoute les réponses **1–6** et trouve les questions **A–F**.

Listen to replies **1–6** and find the questions **A–F** that led to those answers.

A Est-ce que tu aimes ta chambre?

B Est-ce que tu déjeunes au collège à midi?

C Tu partages ta chambre avec ta sœur? Pourquoi?

D Est-ce que tu aimes bien tes voisins?

E A quelle heure est-ce que tu rentres le soir?

F C'est comment, chez toi?

1 ___   **2** ___   **3** ___   **4** ___   **5** ___   **6** ___   (6 points)

5 Remplis les blancs à l'aide du dialogue sur cassette.

Fill the gaps with the help of the recorded dialogue and the box.

clair	ancien	froid	moderne	sombre	aime
n'aime pas	en bas	en haut	réservés	bruyants	

Romain habite dans un appartement qui est _____ et _____ .

Il _____ sa rue parce qu'elle est dans le centre-ville. Il aime les voisins qui

habitent _____ , mais il n'aime pas les voisins qui habitent

_____ parce qu'ils sont désagréables et _____ .

(6 points)

Contrôle de lecture (1)	**Reading (1)**

1 Lis **1–6** et trouve les dessins **A–G**.

Find the pictures **A–G** that go with the expressions **1–6**.

1 ma rue _____   **3** mon lit _____   **5** une pièce _____

2 ma voisine _____   **4** mon appartement _____   **6** mes meubles _____

A

B

C

D

E

F

G

(6 points)

2 Vrai ou faux?

True or false?

1  Je ne prends jamais le petit déjeuner.

_____

4  Je prends l'autobus devant la maison.

_____

2  Je ne bois rien à midi. _____

5 Je fais mes devoirs après le dîner. _____

3  Je bois toujours le soir quand je me couche. _____

6 Je quitte le collège.

_____

(6 points)

Contrôle de lecture (2)　　　　　　　**Reading (2)**

3 Les commentaires **1–8** sont favorables (✔) ou défavorables (✘)?

Are comments **1–8** good (✔) or bad (✘)?

1 Le voisin aide quelquefois mes grands-parents dans le jardin quand c'est trop difficile ou quand ils sont trop fatigués. ☐

2 Mon voisin écoute souvent de la musique le soir quand je me couche, mais ce n'est pas désagréable parce que j'aime bien ses CD. ☐

3 Le chien du voisin est souvent dans mon jardin et il court quelquefois après mon chat. ☐

4 J'habite dans un groupe d'appartements. En bas, quelquefois, les voisins ne ferment pas la porte la nuit. Je ne sais pas pourquoi ils oublient. ☐

5 Je n'aime pas aller au collège à pied. Quelquefois, le matin, je pars en voiture avec mon voisin M. Tornade parce qu'il travaille à 300m de mon collège. ☐

6 Le soir, mes parents rentrent à la maison après moi, mais je peux souvent aller chez la voisine pour faire mes devoirs ou pour regarder la télé parce qu'elle sort rarement. Avec elle, je suis moins seule. ☐

7 Le matin, je ne peux pas dormir parce que le voisin d'en haut se lève à 4h pour partir au travail. Après, c'est le voisin d'en bas qui se lève. C'est bruyant parce qu'il écoute la radio et, en plus, il n'est pas très patient avec son chien. ☐

8 Ma voisine Mme Parrain est la grand-mère de mon copain Matthieu, et on peut rentrer chez elle à midi pour déjeuner. C'est génial parce que manger à la cantine du collège n'est pas très drôle. ☐

(8 points)

4 Complète la lettre.

Complete the letter. Two words are not used.

à pied	arrive	bibliothèque	cher	chère	comment
couche	dois	jamais	lève	petit déjeuner	rencontre

_____ John,

Merci de ta lettre. J'aime bien avoir des correspondants.

Moi, je ne peux pas aller au collège _____ parce que j'habite à 5km. Le matin, je me _____ avant sept heures parce que je _____ prendre l'autobus à 7h40 devant la maison. Je ne prends pas toujours le _____ parce que je préfère manger un croissant au collège à 10h. Dans l'autobus, je _____ des copains et on joue à Nintendo, par exemple. Quand on _____ au collège, on ne peut pas rentrer dans les salles avant 8h30 mais on peut aller à la _____ ou à la cafétéria. A midi, je ne mange _____ à la cantine parce que c'est nul. Je vais dans un parc et je mange des sandwichs. Et toi, _____ est ta cantine?

(10 points)

formule
X
L E V E L **2**

Contrôle écrit (1)   Writing (1)

1 Décris la maison.

Describe the house.

En haut, il y a . . .   En bas, il y a . . .

- deux c_____   • une c_____

- une s_____   • un s_____

- un b_____   • une s_____   (6 points)

2 Complète les questions à l'aide des réponses.

Complete the questions, using the answers as a guide.

   1 – Est-ce que vous _____ ?

     – Non, nous habitons dans une maison.

   2 – Est-ce que ta _____ ?

     – Ma chambre? Non, elle est en haut.

   3 – Est-ce que tu _____ ?

     – Ah, non. J'ai *ma* chambre, et ma sœur a *sa* chambre.

   4 – Est-ce que tu _____ ?

     – Ma chambre? Oui, parce qu'elle est très claire et très confortable.

                                                                        (7 points)

Contrôle écrit (2)   Writing (2)

3 Décris la chambre de Frédéric (20–40 mots) à l'aide du modèle.

Describe Frédéric's bedroom in 20–40 words with the help of the model. Be careful, though: the model describes quite a different bedroom!

> J'aime beaucoup la chambre de Frédéric parce qu'elle est très grande. Elle est claire parce que les deux fenêtres sont assez grandes. Elle est confortable parce qu'il n'y a pas trop de meubles. En plus, c'est une chambre qui est assez chaude.

_____

_____

_____

_____

_____

_____

(8 points)

4 Continue le message e-mail. Ecris 50 mots maximum.

Write up to 50 words to continue the e-mail about the topic mentioned in the first sentence.

```
Maintenant, ma grand-mère habite avec nous et ce n'est pas drôle!
```

_____

_____

_____

_____

_____

_____

_____

(9 points)

Contrôle oral (1) **Speaking (1)**

1 Prépare-toi à décrire chaque dessin avec une phrase simple.

Prepare to describe each picture with a simple sentence.

Exemple   **Mon lit est très chaud.**

A   B   C   D

E   F   G   H

(4 points)

2 Prépare-toi à faire des phrases complètes, sans notes, avec **1–8**.

Prepare to make up sentences which begin like **1–8** without using any notes. You can make short or long sentences.

Exemple
Professeur: **Numéro O.**   O *Le soir, . . .*

Réponses possibles: **Le soir, je me couche.**   **Le soir, je me couche avant mon frère.**   **Le soir, je ne fais pas mes devoirs parce que...**

1 Le matin, . . .
2 Mes voisins . . .
3 Ma rue . . .
4 Chez moi, en bas, . . .

5 Quand je me couche, . . .
6 La semaine, à midi,
7 Le week-end, le matin, . . .
8 Je ne mange pas . . .

(8 points)

formule

X

LEVEL **2**

Contrôle oral (2)   Speaking (2)

3 Prépare-toi à poser les questions **1–10** et à répondre.

Prepare to ask and answer questions 1–10.

message **X**

You can give short or longer answers.

   1 Partner lives in house or flat?

   2 What is street like?

   3 And neighbours?

   4 Gets up at what time during the week?

   5 And at weekends?

   6 Breakfast, yes or no?

   7 Leaves home at what time a.m.?

   8 Has lunch at what time?

   9 Goes to bed at what time?

  10 Homework before or after dinner?

(10 points)

4 Prépare-toi à parler d'une pièce chez toi (pas ta chambre) pendant au moins une minute.

Prepare to talk about a room other than your bedroom for at least one minute.

message **X**

You can use a cue card, for example with bullet points, as support.
Careful: if you write too much on it, your teacher won't let you use it!

(10 points)

Je n'entends pas!

Feuille **1A**

la question
les instructions
l'exercice
le dialogue
le tableau
l'écran
seuls
à deux
au brouillon
au propre
maintenant
c'est pour quand
c'est pour jeudi
la cassette
Frédéric
les réponses
en groupe
aujourd'hui

Je ne comprends pas
Je n'entends pas
Je ne vois pas
Est-ce qu'on travaille
Qu'est-ce qu'on fait
Les devoirs,

?

Tu as combien d'argent?

Feuille **1B**

70	71	72	73	74	75	76	77
78	79	80	81	82	83	84	85
86	87	88	89	90	91	92	93
94	95	96	97	98	99	100	

Tu as combien d'argent?

Feuille **2A**

	Omar et Marie	Dialogue 1	Dialogue 2	Dialogue 3
A	Combien?	Combien?	Combien?	Combien?
B	75 €	___ €	___ €	___ €
A	80 €	___ €	___ €	___ €
B	Acheter . . . ?	Acheter . . . ?	Acheter . . . ?	Acheter . . . ?
A	*un jeu vidéo*	_____	_____	_____
B	*un lapin*	_____	_____	_____
A				
B	± 10 €	± ___ €	± ___ €	± ___ €
A	Euh: 80 € +	Euh: ___ € +	Euh: ___ € +	Euh: ___ € +

Est-ce que vous pouvez m'aider?

Feuille **2B**

Yannick – Madame, s'il vous plaît, est-ce que nous _____ faire un poster avec Ibrahim, Stéphane et moi? (pouvoir)

Prof – Oui, mais est-ce que vous _____ finir la page 76? (pouvoir)

Yannick – Est-ce que vous _____ mon livre? (avoir)

Prof – Non, mais tu _____ partager avec Ibrahim. (pouvoir)

Lucille – Est-ce qu'on _____ aller à la bibliothèque, Eve et moi? (pouvoir)

Prof – Oui, mais attention! Vous n'_____ pas à la cafétéria: d'accord? (aller)

Lucille – Non, non! Je _____ un livre pour mon poster. (chercher)

Yannick – Il est quelle heure? Nous _____ fatigués! (être)

Prof – Est-ce que tu _____ ouvrir une fenêtre? (pouvoir)

eXpo

1 Complète les phrases **1–8** au futur proche (near future).

1 Demain, je _____ finir mon poster.

2 Samedi, nous _____ acheter des vêtements.

3 Tu _____ aider ton frère après le dîner?

4 Ce soir, on ne _____ pas sortir.

5 Est-ce que vous _____ faire du sport ce week-end?

6 Il _____ rester ici cet après-midi.

7 Elles _____ rentrer entre 10h et 11h.

8 Demain, je _____ écrire à mon correspondant.

2 Lis les phrases et écris **P** (= present) ou **F** (= future).

1 Vous allez toujours au bowling le week-end? _____

2 Nous allons quelquefois au cinéma. _____

3 Ma mère va venir au collège avec moi. _____

4 Est-ce que tu vas sortir vendredi soir? _____

5 Nous allons déjeuner à 13h. _____

6 Je vais partager ma chambre avec ma cousine. _____

7 Est-ce qu'il va toujours au collège en autobus? _____

8 Elles ne vont jamais à la piscine. _____

3 Trouve les phrases. Elles sont au futur proche.

1 Je – aller – ville – vais – en

_____

2 Fabrice – la – devant – télévision – finir – va – sandwich – son

_____

3 Nous – après – film – le – un – allons – dîner – regarder

_____

Feuille **4**   Nom --

teXto

Investisseurs juniors

Trouve les traductions 1–7 à l'aide de l'article p64; trace des lignes.

1	un investisseur	**a**	young
2	de l'argent de poche	**b**	shares
3	investir	**c**	an investor
4	économiser	**d**	each month
5	jeune	**e**	to save
6	chaque mois	**f**	pocket money
7	des actions	**g**	to invest

La Guyane française

a Reproduis l'article sur la Guyane française p65 sous forme de notes.
Tu veux un modèle? Regarde La Martinique p29.

_____

_____

_____

_____

_____

_____

_____

_____

_____

_____

_____

_____

b Voici plus d'information sur la Guyane française; lis pour le plaisir!

- Après la Révolution française, la Guyane est devenue (became) un centre de déportation, une prison pour les travaux forcés (hard labour).
- En 1966, la France a installé un centre spatial important en Guyane française.
- La Légion étrangère (the French Foreign Legion) a un centre de formation en Guyane. La formation (training) dans la forêt équatoriale, avec les boas, les anacondas et d'autres animaux dangereux, est très difficile.

Où est le grand magasin?

A	**B**
C	**D**
E	**F**
G	**H**
un sac à main	un sac de sport
une cassette vidéo	une bande dessinée
du maquillage	du parfum
des rollers	des bijoux

Droite, gauche, droite, gauche!

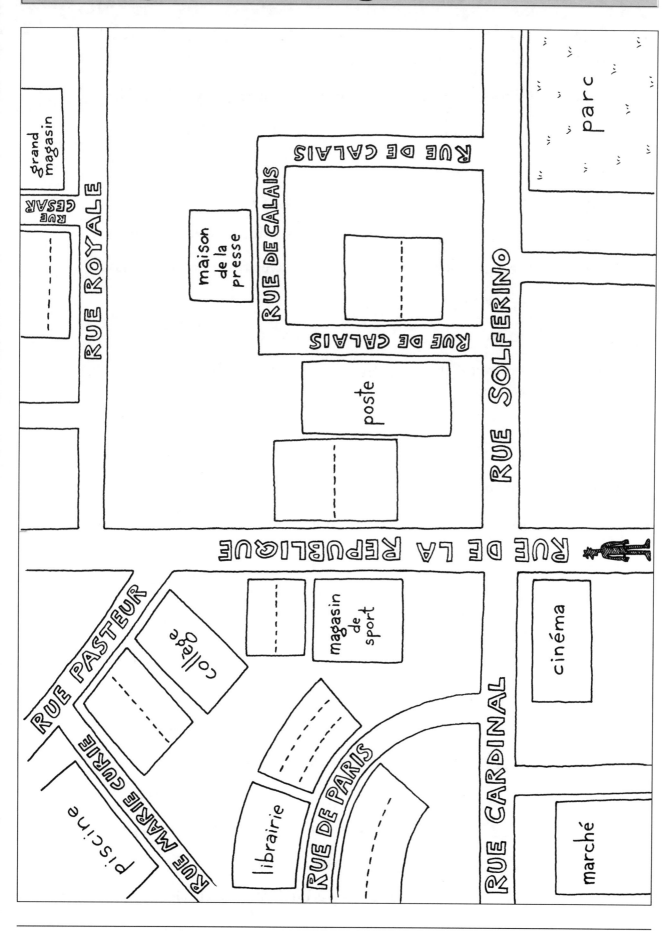

eXpo

1 Complète le dialogue avec les verbes «venir», «devoir», «pouvoir» ou «vouloir».
Travaille de mémoire ➜ à l'aide de la cassette.

C'est samedi matin. En France, on va souvent au collège le samedi matin.

Virginie – Charly, Yasmina, vous _____ chez moi à midi?

Charly – Euh . . . non, nous _____ rester au collège.

Virginie – Vous _____ rester au collège? Pourquoi?

Charly – Nous _____ finir les posters pour le week-end sportif.

Virginie – Est-ce que nous _____ rester avec vous, Laurent et moi?

Charly – Oui, si vous _____ . C'est sympa!

Virginie – D'accord, nous _____ avec vous!

Charly – Et tes frères? Ils _____ rentrer ou ils _____ rester
avec nous?

Virginie – Tu sais . . . ils _____ rarement au collège le samedi . . .

2 Complète chaque phrase avec un verbe à l'impératif.

1 ____*Viens*____ chez moi vendredi soir. (venir)

2 _____ ton chat: il est dans le placard! (regarder)

3 _____ tes devoirs maintenant, s'il te plaît! (finir)

4 _____ en ville jeudi: c'est plus calme, le jeudi. (aller)

5 _____ une glace ou _____ un coca. (manger; boire)

6 _____ une lettre à ta correspondante, si tu veux. (écrire)

7 _____ au babyfoot avec Abdel, mais dans le garage. (jouer)

8 _____ l'autobus: c'est plus rapide. (prendre)

9 _____ avec ton voisin si tu n'as pas ton livre. (partager)

10 _____ la grammaire dans *AnneXe* si tu ne comprends pas. (lire)

11 _____ ton père quand il parle! (écouter)

12 _____ le chien! Je ne sais pas où il est. (chercher)

de mieuX en mieuX!

A	Tu viens au bowling avec moi?
B	Est-ce que ton frère vient avec toi?
C	Pourquoi pas?
D	Ah! Je cherche une librairie! C'est où?
E	Au magasin de sport? C'est devant le cinéma, non?
F	A la bibliothèque? Est-ce que tu veux travailler?
G	* Non, c'est après la librairie.
H	* Non, je veux regarder des livres d'histoire.
I	* Désolé, aujourd'hui, je ne peux pas.
J	* Va tout droit, tourne à droite, et c'est à gauche.
K	* Parce que je dois aller à la bibliothèque.
L	* Non, il veut aller au magasin de sport.

6

Feuille **5**   Nom ....

formule
X
LEVEL **2**

te**X**to

Villes calmes

message **X**

> Do you remember all the feminine nouns ending in *-tion* which you found in *teXto* pp52–53? Read on …

Trouve les quatre noms en *-tion* dans l'article.

la p_____   la r_____

la d_____   la c_____   ☐ /4

teXto pp76–77

Trouve les verbes **1–6**.

Villes calmes: { **1** o_____
2 e_____
3 c_____

Flash 2:
Paris l'hiver: { **4** u_____
5 r_____
6 i_____

message **X**

> Verbs 1–6 have two things in common:
> • they all look like English verbs;
> • they all end in *-er* in the infinitive.
>
> Even if they are conjugated in the article, write them down in the infinitive. Check in a dictionary if you are not sure.

☐ /6

Extra: info-villes

Tu comprends l'information? Complète les phrases correctement: trace des lignes.

1 A Paris, le périphérique est

2 La construction de la tour Eiffel

3 Dans les Catacombes de Paris,

4 Sur la planète, trois milliards*

5 La hauteur* de la tour Eiffel varie

6 Il existe 200 000 pompiers*

a de personnes habitent dans des villes.

b volontaires en France.

c de 15cm avec la température.

d l'équivalent de la M25 à Londres.

e il y a les os* de six millions de personnes.

f a duré* 187 jours.

---**Glossaire**---

un milliard = one billion   un os = a bone   la hauteur = the height   ☐ /6
a duré = lasted   un pompier = a fireman

Paris l'hiver

Vrai ou faux? Réponds de mémoire ou à l'aide de la page 77.

1   Les sans-abri aident les Samaritains: _____

2   Il y a 350 Samaritains à Paris: _____

3   Tous les Samaritains sont des présentateurs télé: _____

4   Les volontaires forcent les sans-abri dans des centres: _____

☐ /4

Total: ☐ /20

UNIT 5

teXto+

L'année scolaire: Nouvelle-Calédonie

An important part of learning a new language is to make active use of newly learned vocabulary. Can you do this with the words that you have learned in Unit 5? Can you also work out the meanings of the words in the texts below that you have not yet learned? Can you use your knowledge of time zones to predict when the school year is likely to start and end in the South Pacific? Will it be the same as in Western Europe?

BACKGROUND INFORMATION

La Nouvelle-Calédonie (New Caledonia) is a French overseas territory in the Pacific Ocean. It has about 165,000 inhabitants. At least half of the population is Melanesian, less than half is European, and the rest come from other Pacific islands and from Asia. French is the official language.

TEXT SOURCES

The first text comes from the website of the French Ministère de l'Education Nationale: http://www.edutel.fr

The second text was written by the pupils of a school in Touho, New Caledonia, and comes from a website supported by the Agence de la Francophonie and the European Commission: http://www.ethnokids.net

1 Read the text and answer the questions below.

Nouvelle-Calédonie
Calendrier scolaire : année 2001

Rentrée scolaire (élèves)	Lundi 26 février 2001
Mi 1er trimestre	Du samedi 14 avril 2001 au lundi 23 avril 2001
Fin 1er trimestre	Du samedi 2 juin 2001 au lundi 18 juin 2001
Mi 2ème trimestre	Du samedi 21 juillet 2001 au lundi 30 juillet 2001
Fin 2ème trimestre	Du samedi 8 septembre 2001 au lundi 2 octobre 2001
Mi 3ème trimestre	Du samedi 27 octobre 2001 au lundi 5 novembre 2001
Fin année scolaire	Mercredi 19 décembre 2001

a On what date did the pupils in New Caledonia start the new school year in 2001?

b When does the first term finish and the second term begin?

c If *mi* can mean 'half', what kind of holiday was there from 21 to 30 July?

d How many days holiday are there between the end of the second term and the beginning of the third term?

e During which month of the year is there no school in New Caledonia?

formule X 1

5

L'année scolaire: Nouvelle–Calédonie

2

a Look at the words in the *Mini Dico* and try to memorise them.

b Scan quickly both paragraphs of the text below. Do not read every word of the two paragraphs! Which information is contained in which paragraph? Tick the correct box. Remember that you already know something about the school year in New Caledonia!

Mini Dico

après-midi	nm	afternoon
cours	nmpl	lessons
étudier	v	to study
fille	nf	girl
garçon	nm	boy
matière	nf	school subject

Information	Notre classe	Les matières que nous étudions
Beginning and end of the school year		
School subjects that the class studies		
The times of the day when there are lessons		
Number of boys and girls in the class		

BONJOUR!

Notre classe

Dans notre classe, nous sommes 24 élèves : 14 filles et 10 garçons. Nous travaillons du lundi au vendredi de 8h à 11h30 et de 13h à 15h30. Le mercredi après-midi, nous n'avons pas de cours. Le vendredi après-midi, nous finissons à 15h. Cette année 2001, nous avons commencé l'école le 26 février et nous la finirons le 19 décembre.

Les matières que nous étudions

Les matières que nous étudions sont la géographie, l'histoire, les sciences naturelles, l'éducation civique, la musique, les arts plastiques, le sport, les mathématiques et la langue française.

c Now read the text carefully to find out the information listed in the table below. Ignore words that you don't know and go for the main ideas!

Times of the day when there are usually lessons	
The day of the week when they finish lessons earlier in the afternoon	
The day of the week when they don't have any lessons in the afternoon	
The name of the subject, in French, in which you would expect the pupils to study drawing and painting	
The name of the subject, in French, in which you would expect the pupils to study the way that their country is governed	

RelaX!

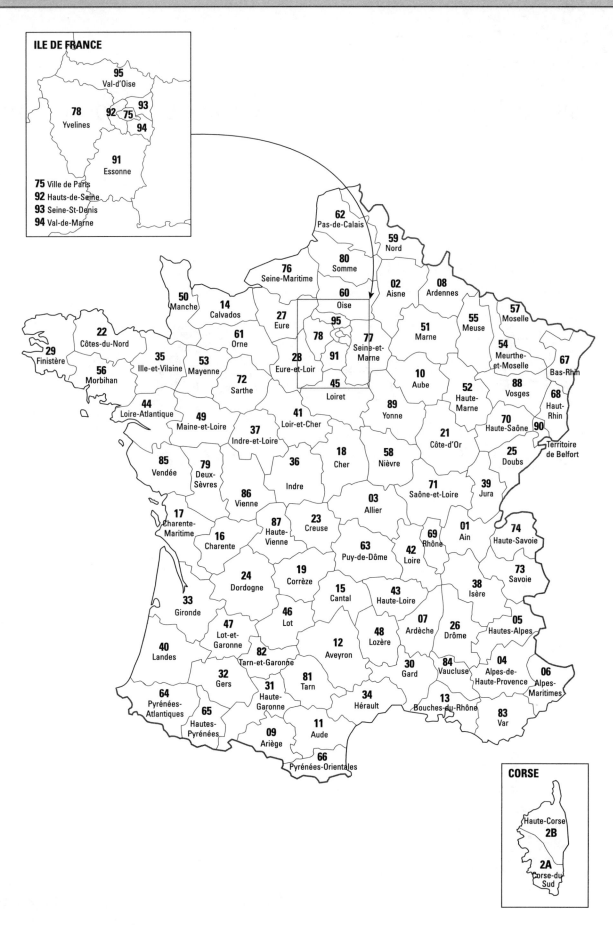

ILE DE FRANCE

95 Val-d'Oise

78 Yvelines

92   75   93
94

91 Essonne

75 Ville de Paris
92 Hauts-de-Seine
93 Seine-St-Denis
94 Val-de-Marne

62 Pas-de-Calais

59 Nord

80 Somme

76 Seine-Maritime

60 Oise

02 Aisne

08 Ardennes

57 Moselle

50 Manche

14 Calvados

27 Eure

95

78   77 Seine-et-Marne

51 Marne

55 Meuse

22 Côtes-du-Nord

61 Orne

28 Eure-et-Loir

91

54 Meurthe-et-Moselle

67 Bas-Rhin

29 Finistère

35 Ille-et-Vilaine

53 Mayenne

72 Sarthe

45 Loiret

10 Aube

52 Haute-Marne

88 Vosges

68 Haut-Rhin

56 Morbihan

44 Loire-Atlantique

49 Maine-et-Loire

41 Loir-et-Cher

89 Yonne

70 Haute-Saône

90

37 Indre-et-Loire

21 Côte-d'Or

85 Vendée

79 Deux-Sèvres

36 Indre

18 Cher

58 Nièvre

25 Doubs

Territoire de Belfort

17 Charente-Maritime

86 Vienne

03 Allier

71 Saône-et-Loire

39 Jura

16 Charente

87 Haute-Vienne

23 Creuse

01 Ain

74 Haute-Savoie

24 Dordogne

19 Corrèze

63 Puy-de-Dôme

42 Loire

69 Rhône

73 Savoie

33 Gironde

46 Lot

15 Cantal

43 Haute-Loire

38 Isère

47 Lot-et-Garonne

07 Ardèche

26 Drôme

05 Hautes-Alpes

40 Landes

82 Tarn-et-Garonne

12 Aveyron

48 Lozère

84 Vaucluse

04 Alpes-de-Haute-Provence

06 Alpes-Maritimes

32 Gers

31 Haute-Garonne

81 Tarn

30 Gard

34 Hérault

13 Bouches-du-Rhône

83 Var

64 Pyrénées-Atlantiques

65 Hautes-Pyrénées

09 Ariège

11 Aude

66 Pyrénées-Orientales

CORSE

Haute-Corse
2B

2A
Corse-du-Sud

Contrôle d'écoute (1)   ## Listening (1)

 1 Ecoute **1–6**: ils ont combien d'argent?

Listen to **1–6**: how much money do they have? The figures below are there to help you.

$$\left(55\right)\left(60\right)\left(65\right)\left(70\right)\left(75\right)\left(80\right)\left(85\right)\left(90\right)\left(95\right)\left(100\right)\left(105\right)\left(110\right)$$

1 ___ €   2 ___ €   3 ___ €   4 ___ €   5 ___ €   6 ___ €

(6 points)

2 Ecoute **1–6** et trouve l'objet (**A–J**) et le prix.

Listen to **1–6** and write down the letter (**A–J**) and the price.

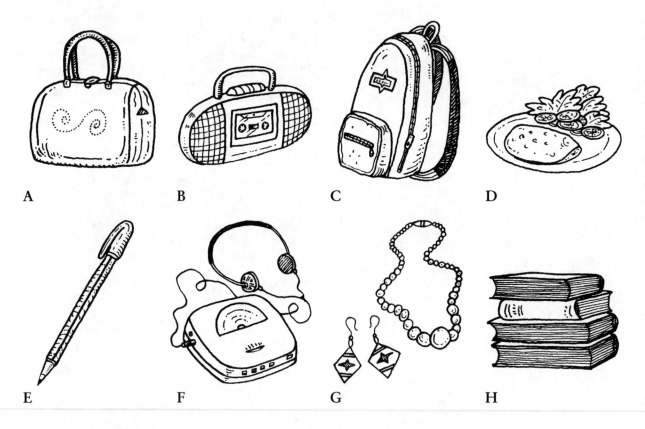

A   B   C   D

E   F   G   H

I   J

1 ___ : ___ €
2 ___ : ___ €
3 ___ : ___ €
4 ___ : ___ €
5 ___ : ___ €
6 ___ : ___ €

(6 points)

Contrôle d'écoute (2)   Listening (2)

3 Ecoute **1–6** et complète la grille en anglais.

Listen to **1–6** and complete the grid in English.

	Destination	Situation	Directions
Ex.	chemist	opposite the post office	first street on the right
1			
2			
3			
4			
5			
6			

(9 points)

4 Ecoute et réponds «vrai» ou «faux» (messages **A–C**), ou réponds en français (message **D**).

Listen and answer 'true' or 'false' (messages **A–C**) or answer in French (message **D**).

Message A

1 Dorothée wants you to join her at her grandmother's this afternoon. _____

2 You can catch bus number 93 to the rue Royale. _____

Message B

3 Mohamed is having difficulty with a new computer game. _____

4 He want you to go round and help him with it tomorrow. _____

Message C

5 Aïsha doesn't understand the maths homework. _____

6 She would like to have a look at your rough notes. _____

Message D

7 Samedi matin, Joachim va être _____ (où?)

8 L'après-midi, il va être _____ (où?)

9 Samedi, à 4h, tu peux _____ .

(9 points)

Contrôle de lecture (1)   Reading (1)

1 Trouve les traductions **1–7**.
Find the correct translations for **1–7**.

1 Tu aimes aller en ville?	**A** Are you going to go to town?
2 Je peux sortir.	**B** Are you coming to town?
3 Je dois sortir.	**C** I am going to go out.
4 Je veux sortir.	**D** I must go out.
5 Tu viens en ville?	**E** Do you want to go out?
6 Tu vas en ville?	**F** Do you like going to town?
7 Tu vas aller en ville?	**G** I can go out.
	H I want to go out.
	I Are you going to town?

1 ___   2 ___   3 ___   4 ___   5 ___   6 ___   7 ___   (7 points)

2 Lis **1–9** et écris ✔ (acceptable) ou ✘ (stupide).
Do **1–9** make sense (✔) or not (✘)?

Il veut aller en ville pour acheter un sac de sport, mais . . .

1 . . . il ne peut pas. _____

2 . . . il a trop d'argent. _____

3 . . . il n'entend jamais. _____

4 . . . sa mère ne veut pas._____

5 . . . il ne trouve pas son argent. _____

6 . . . il n'a pas assez d'argent. _____

7 . . . son père ne veut pas travailler aujourd'hui. _____

8 . . . son petit frère doit venir aussi. _____

9 . . . le marché est dans la rue César. _____   (9 points)

3 Réponds «vrai» ou «faux» à l'aide des textes de la feuille **4**.
Answer 'true' or 'false' with the help of the texts from sheet **4** (Cédric, Lou, etc.).

1 Youri n'écoute jamais en classe.

2 Elsa ne trouve pas toujours sa platine laser.

3 Son père ne peut pas aider Cédric.

4 Quelquefois, en classe, Youri n'entend pas ou n'écoute pas.

5 L'opinion de Lou: pour le sport, c'est toujours moins cher au grand magasin.

6 Tom n'aime pas le shopping qui est trop rapide.   (6 points)

Contrôle de lecture (2)   Reading (2)

Cédric – Je voudrais acheter une platine laser mais je n'ai pas assez d'argent parce que je dois aussi acheter un dictionnaire pour le collège. Mon père ne veut pas m'aider parce que, à son avis, j'ai assez d'argent pour les loisirs.

Elsa – Quand je veux écouter de la musique, ce n'est pas toujours facile parce que mon frère et ma sœur viennent souvent dans ma chambre pour prendre ma platine . . . mes CD . . . mes cassettes . . . Et mon père et ma mère? Ils ne font rien!

Youri – J'ai souvent des problèmes en classe parce que je n'écoute pas toujours assez. Par exemple, nous devons faire les devoirs au propre, mais moi, je travaille au brouillon. Mais en plus, quand j'écoute, je n'entends pas toujours parce que les autres devant moi sont quelquefois trop bruyants.

Lou – On peut acheter des sacs de sport pour 45 € au magasin de sport, mais je préfère aller au grand magasin parce que, quelquefois, ça fait moins. Mais pour les sacs de sport, je ne sais pas: je vais aller en ville demain pour voir.

Tom – Mes parents vont rarement dans des petits magasins. Ils préfèrent aller au supermarché: une semaine mon père, une semaine ma mère. Quand c'est ma mère qui va au supermarché, je préfère rester à la maison parce qu'elle fait son shopping avec sa liste et elle veut toujours aller très vite, alors je ne vois rien! Mais j'aime bien aller avec mon père parce qu'il est moins strict et il accepte d'acheter des bandes dessinées . . . des livres . . . Et ma mère? Elle ne sait pas!

4 Ecris le prénom correct à l'aide des textes.

Write down the correct first names (Cédric, etc.) with the help of the above texts.

Who . . .

1 . . . needs more money? _____

2 . . . would like support from both his/her parents? _____

3 . . . can't always find what belongs to him/her? _____

4 . . . must buy something for school? _____

5 . . . doesn't always do things the way (s)he should? _____

6 . . . is wondering where to buy what (s)he is after? _____

7 . . . manages to get what (s)he wants from his/her father? _____

8 . . . is fussy about who (s)he goes shopping with? _____

(8 points)

Contrôle écrit (1)   Writing (1)

1 Complète les questions.
Complete the questions with words (one or more) that make sense.

1 – Tu as _____ d'argent?

– J'ai 25 €.

2 – _____ tu vas acheter?

– Des CD. Je vais acheter des CD.

3 – Où est la librairie?

– _____ la première rue à droite.

4 – Est-ce que je dois aller à gauche?

– Non, non _____ tout droit!

5 – Tu sors avec moi ce soir?

– Désolé, je _____ rester à la maison.

6 – Pardon, je _____ la pharmacie.

– Regardez: c'est devant la poste.

7 – Pardon? Je n'_____ pas.

– D'accord, je répète.

(7 points)

2 Complète **1–8** avec des verbes conjugués.
Complete **1–8** with conjugated verbs. The infinitives are provided in brackets.

1 Je _____ écouter parce que c'est difficile. (devoir)

2 Je _____ acheter du maquillage en ville. (vouloir)

3 Moi, je ne _____ pas les instructions. (comprendre)

4 Tu _____ au grand magasin avec nous? (venir)

5 Tu _____ faire ton shopping demain ou samedi? (aller)

6 Nous _____ venir avec toi: c'est d'accord? (vouloir)

7 Est-ce que tes parents _____ m'aider? (pouvoir)

(7 points)

Contrôle écrit (2)   **Writing (2)**

3 Lis le message de Patrick et écris un message pour corriger ses erreurs.
Patrick enjoys telling fibs. Read his message then rewrite it in the 3rd person singular to correct his mistakes, with the help of the notes provided.

No, tomorrow!

No, to buy comics!

No, to the bookshop!

Cet après-midi, je vais aller
au marché pour acheter des bijoux.
Je vais faire mon shopping

No, with his mates!

seul parce que c'est plus rapide.
Après, je vais rentrer à pied.

*No, because it's
more fun!*

*No, he is going to catch the bus
to go to the swimming pool!*

Demain, Patrick va _____
_____
_____
_____
_____
_____
_____ .

(8 points)

4 Ecris un message en français pour un copain ou une copine.
Write a message in French to a friend using the following notes.

- Say that you are going to go to town with Frank, and when.
- Say what the two of you are going to do (mention at least two things).
- Ask your friend whether (s)he wants to come with you.
- Suggest a meeting place (**Rendez-vous . . .**).
- Give directions for getting there.

_____
_____
_____
_____
_____
_____
_____ (8 points)

Contrôle oral (1)   Speaking (1)

1 Imagine que c'est toi sur les dessins. Prépare-toi à dire une phrase pour chaque dessin.

Imagine that it is you, in class, in the pictures: what would you say to your teacher in each situation?

1   2   3   4

5   6   7   8

(4 points)

2 Sans notes, invente des phrases avec les séries **1–6**.

Practise making up a sentence – short or long – with each series (**1–6**).

You can use the words in any order. You will not be allowed to use notes.

Exemple

> Tu viens au marché avec moi samedi?

> Pourquoi est-ce que tu ne viens pas au marché avec nous?

> D'accord, moi aussi, je viens au marché!

Exemple   viens – marché
1   veux – magasin de sport
2   librairie – prends – tourne
3   qu'est-ce que – argent – ou
4   voudrais – mais – euros
5   entends – pouvez – fois
6   dois – ville – pour

(8 points)

Unités 5–6: Contrôle continu

Feuille **8** Nom --

Contrôle oral (2)   Speaking (2)

3 Prépare-toi aux dialogues **A** et **B**.

Prepare to take part in dialogues **A** and **B**.

For one of them, you will have to ask the questions.

For the other, you will have to say the answers.

DIALOGUE A

Going where?

To department store.

What for?

Looking for CD player.

Has how much money?

75€, but also wants to buy a comic.

Will do what afterwards?

Will go to market.

Where?

On the left in Mozart Street.

DIALOGUE B

Going where?

To market.

What for?

Looking for video cassette.

Has how much money?

40€, but also wants to buy a t-shirt.

Will do what afterwards?

Will go to sports shop.

Where?

In Picasso Street, opposite library.

(16 points)

Où sont les boissons?

a Complète le dialogue à l'aide de la cassette.

b Ecris entre quatre et six lignes en plus.

– Maman, tu ne _____ _____ au supermarché avec moi?

– Non, pas aujourd'hui.

– Est-ce que _____ _____ acheter du café . . . du thé?

– Euh . . . non, l'épicerie, ça va.

– Est-ce que _____ _____ des surgelés.

– Ah! Les surgelés! Je veux . . . des glaces et . . . du poisson.

– Oui, d'accord. Des glaces, et . . . du poisson surgelé.

– Et . . . _____-____ _____ ____ _____ des fruits et légumes?

– Euh . . . prends des carottes.

– _____ _____ _____ des bananes aussi?

– Tu veux _____ des bananes? Oui, d'accord.

– _____-____ _____ ____ _____ de la charcuterie?

– Euh . . . non, merci. La charcuterie, ça va.

– _____-____ _____ ____ _____ acheter du coca?

– Bof, le coca, tu sais . . .

– Oh, s'il te plaît, maman!

– Bon . . . pour le week-end, d'accord.

_____

_____

_____

_____

_____

_____

Où sont les boissons?

A

Charcuterie	_____
_____	Boucherie
Epicerie	_____
_____	Sport
Livres	_____
_____	Boissons

B

_____	Surgelés
Crémerie	_____
_____	Boulangerie
Musique	_____
_____	Pharmacie
Fruits et légumes	_____

7

Feuille **3**   Nom _____

formule
X
LEVEL 2

Regardez les promotions!

1 Mme Flon (**1–15**) parle à Lara, ou à
Lara et Stéphane?
Ecris **L** ou **L+S**.

1 Rangez le garage! _____

2 Venez regarder la télé! _____

3 Viens finir les devoirs! _____

4 Ecoute les profs! _____

5 Fermez la porte! _____

6 Allez chez grand-mère! _____

7 Va au lit! _____

8 Cherchez le chat! _____

9 Faites les courses! _____

10 Prends l'autobus! _____

11 Mangez dans la cuisine! _____

12 Rentre avant 6h! _____

13 Partagez les glaces! _____

14 Sortez! _____

15 Joue dans le jardin! _____

2 Ecoute **1–15** et compare avec l'activité **1**.
Quelle est la version exacte? Ecris **A** ou **B**.

Exemple

1A: rangez le garage   1B: range le garage

1A

3 Changez les instructions **1–15**: singulier ➜ pluriel, ou pluriel ➜ singulier.

1 *Range le garage!*

2 _____

3 _____

4 _____

5 _____

6 _____

7 _____

8 _____

9 _____

10 _____

11 _____

12 _____

13 _____

14 _____

15 _____

© HarperCollins *Publishers* Ltd 2001   52

7

formule

X

LEVEL **2**

eXpo

1 Complète la chanson à l'aide du contexte ou de la cassette.

_____ , I want some coffee.

_____ , I want a coffee.

_____ , the coffee is cold.

_____ , I like coffee.

Où est le fromage? En face _____ glace.

Et le chocolat? A gauche _____ café.

Où est le jambon? A côté _____ fraises.

Et le saucisson? A droite _____ boissons.

_____ , j'aime le café.

_____ , je veux du café.

_____ , je veux un café.

_____ , le café est froid.

2 Complète les phrases.

1 Tu vas **du/au/le** magasin de sport ou **la/de la/à la** poste?

2 **Le/Un/Du** rayon poisson est en face **le/un/du** rayon crémerie.

3 Je cherche **les/aux/des** boissons: c'est à droite ou à gauche?

4 La librairie est derrière **de la/une/la** poste, à côté **de la/une/la** pharmacie.

5 Je veux acheter **du/au/le** fromage et **les/aux/des** légumes.

6 _____ rayon charcuterie est à gauche _____ rayon surgelés.

7 J'aime _____ jambon, mais je n'aime pas _____ fromage.

8 Le bowling est après _____ café, en face _____ cinéma.

9 Il y a des promotions _____ rayon fruits et légumes.

10 Je dois aller _____ maison de la presse avant 6h.

7

Feuille **5**   Nom _____

formule
X
LEVEL **2**

te**X**to

Quiz-cuisine

message X

- So far, you have learnt to use …
  – verbs in the present tense;
  – *aller* + infinitive (near future).
- Although you won't start learning verbs in the past until Unit 10, the context should help you understand the verbs in the past used in the speech bubbles.

Glossaire

découvrir = to discover
le pain = bread
vendre = to sell

On mange beaucoup de mayonnaise en France: 25 000 tonnes de mayonnaise par an! Avec les frites, avec les chips, avec le steak … Mais la mayonnaise est d'origine espagnole. Tu connais les îles Baléares dans la mer Méditerranée, à l'est de l'Espagne? Il y a Majorque, Minorque et Ibiza. La France a occupé Minorque en 1756, et un Ministre français a découvert* la mayonnaise sur l'île!

Dans les années 30, un rapport scientifique américain a expliqué: «Dans 100 grammes d'épinards, il y a 34 milligrammes de fer» – une quantité énorme. «Mon héros va manger des épinards!» a décidé le créateur de Popeye. Mais un jour, on a découvert un problème: l'erreur de la secrétaire qui a écrit le rapport scientifique. Il y a seulement 3,4 milligrammes de fer pour 100 grammes d'épinards!

Trop de viande? C'est dangereux pour les chats, parce que ça peut causer des infections urinaires sérieuses. Un chat doit aussi, par exemple, manger des légumes et des pâtes (des spaghettis, etc.).

Dans le fromage, il y a du cholestérol. Au soleil, le cholestérol se transforme en vitamine D, qui aide à fixer le calcium. Trop de fromage = trop de vitamine D. Trop de calcium est dangereux!

Les souris aiment le fromage, mais pas seulement le fromage. Par exemple, elles aiment aussi beaucoup le pain* ou le chocolat.

La relation entre le chocolat et l'acné est indirecte. Le chocolat est excellent pour le stress parce que, dans le chocolat, il y a de la caféine (qui stimule) et du sucre (qui calme). Quand on est stressé, on mange beaucoup de chocolat. C'est le stress qui cause l'acné.

La carotte est un légume … mais aussi un fruit. Scientifiquement, non, mais c'est une décision de la Communauté européenne en 1991. Pourquoi? Parce qu'avec la législation européenne, on peut faire (et vendre*) de la confiture seulement avec des fruits. Mais le Portugal a une spécialité locale: la confiture de carotte. Un fruit, la carotte? Pas exactement … mais la solution au problème portugais!

Tu connais l'Italien Marco Polo? Il a découvert* les spaghettis … en Chine. Avec son père et son oncle, il a visité la Mongolie et la Chine et il a habité avec le grand khan Qubilai (Kublai Khan en anglais), empereur de Chine. Marco Polo a fait des missions pour l'empereur, par exemple en Inde et en Perse, puis il est rentré en Italie.

C'est effrayant!

1 Complète la terminaison (the ending) des adjectifs . . . ou non!

1 Dans «X Files», l'action est intéressant____ .

2 Je trouve que l'actrice principale est excellent____ .

3 C'est une série très inventi____ .

4 Ce n'est jamais ennuyeu____ .

5 Les acteurs sont très important____ .

6 Je trouve l'action trop violent____ .

7 Je préfère les séries amusant____ .

8 «X Files»? C'est très original____ .

9 J'adore les séries inventi____ .

10 Je préfère les programmes comique____ .

11 J'aime assez les programmes violent____ .

12 J'aime les séries origina____ mais pas trop effrayant____ .

> *message* **X**
>
> Remember to leave adjectives in the masculine singular after c'est . . . or ce n'est pas . . .

2 Ferme ton livre.

a Ecoute la cassette et souligne les mots différents dans le paragraphe.

Moi, j'aime bien l'acteur américain mais je préfère les films moins violents

_____

et plus instructifs. C'est une série inventive et l'action est très importante,

_____

mais ce n'est pas pour nous!

_____

b Réécoute la cassette et corrige les erreurs.

3 Ferme ton livre ➔ complète les blancs avec un mot ou plus à l'aide de la cassette.

Moi, j'aime _____ les films de science-fiction et les séries _____

comme «X Files». Je _____ que c'est une série géniale _____

c'est effrayant. L'action est quelquefois _____ , mais ça va. Je n'aime pas

_____ séries romantiques ou les séries amusantes _____

«Frasier».

Ça commence à quelle heure?

 a Ecoute ces extraits du dialogue p95 et écris les liaisons.
Les numéros indiquent le nombre de liaisons dans chaque phrase.

   1 C'est idéal quand on habite dans un village. (4)

   2 Ça commence à quelle heure? (2)

   3 Je préfère écouter la radio. (1)

   4 Deux heures, plus ou moins. (2)

   5 Nous allons regarder «Qui veut gagner des millions?» (1)

b Entraîne-toi à bien prononcer **1–5**.

2 a Complète les questions et réponses **1–7** sans aide.

commence	écoute	écoutent	Est-ce que
pendant	Pourquoi	quand	Qu'est-ce qu'
regarde	regardent	se couche	seulement
sortent	sortons	vont	

message X
- Attention aux verbes! Par exemple: «regarde» ou «regardent»?
- L'activité est plus facile quand tu lis chaque question avec sa réponse.

   1 – _____ Fatima _____ beaucoup la télévision?
      – Oui, assez, parce qu'elle habite dans un village.

   2 – Dans sa famille, _____ est-ce qu'ils regardent la télévision?
      – Le soir, par exemple pendant le dîner.

   3 – Le jeu-télé «Qui veut gagner des millions?» _____ à quelle heure?
      – A 20h55, et ça finit à 21h55.

   4 – Est-ce que Fatima et sa famille _____ la télévision _____ le
      petit-déjeuner?
      – Non, le matin, ils _____ la radio.

   5 – Est-ce que Fatima écoute la radio _____ le matin?
      – Non. Aussi le soir, quand elle _____ .

   6 – _____ est-ce qu'ils regardent rarement la télé le samedi soir dans sa
      famille?
      – Parce qu'ils _____ beaucoup.

   7 – _____ ils vont regarder à la télévision ce soir?
      – D'abord, ils _____ regarder «Qui veut gagner des millions?».

b Vérifie à l'aide du dialogue p95.

eXpo

Feuille **3A**

Complète les phrases avec «il», «elle», «ça» ou «c'est».

message **X**

D'abord, lis bien les notes dans *AnneXe* p67!

1 «Titanic» commence à 20h50 mais regarde: _____ finit à . . . 23h50!

2 Tu veux payer 30¤ pour son cadeau? Mais _____ est trop cher!

3 J'ai une télé dans ma chambre, mais _____ est très petite.

4 Comment s'appelle la série? Et _____ s'écrit comment?

5 J'aime bien Lenny Henry parce qu'_____ joue souvent des rôles comiques.

6 «Questions pour un champion»? Moi, je trouve _____ un peu ennuyeux.

7 «Zorro»? _____ est une série qui n'est pas très moderne!

8 Oh non! On ne regarde pas «Titanic!» _____ est trop long!

9 Je connais Mel Gibson, mais . . . _____ est américain ou australien?

10 Je veux regarder la télé mais _____ est dans la chambre de Mustafa!

Feuille **3B**

A la télé, j'aime la science-fiction et l'information.

Il y a des réductions dans le rayon science-fiction.

Regarde les instructions!

Attention à la prononciation.

Attention à la ponctuation.

Regarde les promotions sur les dictionnaires!

Le mardi, j'ai éducation religieuse.

Quelle est ta nationalité?

Je dois écrire une conversation.

eXpo

Feuille **4A**

Complète les phrases **1–4** avec le verbe
«préférer», **5–8** avec le verbe «finir» et
9–10 avec le verbe «commencer».

> **message** X
>
> For each sentence, decide carefully which form
> of the verb you should use: the infinitive or a
> conjugated form?

1 Chez moi, nous _____ regarder le programme d'informations de 18h30.

2 Est-ce que tu _____ les dessins animés ou les jeux-télé?

3 Moi, je _____ regarder la télé entre mes devoirs et le dîner.

4 Mes parents n'aiment pas la télé: ils _____ la radio.

5 Le soir, les films _____ rarement avant 22h30.

6 Le programme sur la nature _____ à quelle heure?

7 Oh! Quand est-ce que les publicités vont _____ ?

8 Quelquefois, je _____ mes devoirs devant la télé . . .

9 Il y a une série américaine qui _____ vendredi.

10 Les dessins animés _____ à quelle heure ce soir?

de mieuX en mieuX!

Feuille **4B**

Dans la famille de Béatrice, il y a _____ personnes, mais seulement _____ télévision,
dans _____ _____.

A la télévision, le père de Béatrice préfère regarder _____

_____ .

Béatrice préfère regarder _____

_____ .

Ses frères aiment beaucoup _____

_____ .

Sa mère _____

_____ .

Qui gagne? Souvent, c'est _____ .

Quand Béatrice n'aime pas le programme, elle _____

_____ .

te**X**to

Flash I

Lis la liste de mots et souligne les cinq
adjectifs à l'aide du contexte de Flash 1.

publique	publicité	chaînes	financière	existe
privées	réponses	possible	positives	

/5

te**X**to pp100–101

Il y a beaucoup de mots en *-ent* en français . . . et dans *teXto*.
Réponds aux questions à l'aide de *teXto*.

1 «Regardent», «adorent» et «écoutent» sont:
   a des noms; **b** des verbes; **c** des adverbes.

2 «Argent», «adolescents» et «gouvernement» sont:
   a des noms; **b** des verbes; **c** des adverbes.

3 «Seulement», «régulièrement» et «énormément» sont:
   a des noms; **b** des verbes; **c** des adverbes.

4 La prononciation de «regardent», «adorent» et «écoutent» est identique à la
   prononciation de «regarde», «adore» et «écoute»: **a** vrai; **b** faux.

5 Le nom «décision» est: **a** masculin; **b** féminin.

> *message* **X**
> If you forget what adverbs are, check
> in the *AnneXe* grammar summary.

/5

La publicité à la télé: supplément

Lis les opinions sur la publicité.
Est-ce qu'elles sont favorables (✔) ou défavorables (✘)?

1   Il y a trop de publicité à la télévision.

2   La publicité à la télé? En général, ça m'ennuie.

3   La publicité à la télé? Moi, je trouve ça amusant!

4   Moi, à la télévision, je déteste les interruptions dans les programmes.

5   Quelquefois, les programmes sont nuls et la publicité est plus intéressante.

6   Pour moi, la publicité n'a pas beaucoup d'influence, mais c'est agréable à regarder.

7   Avec la publicité, je connais beaucoup de produits différents: des jouets, des
    jeux . . . C'est important.

8   En réalité, le produit est souvent très différent de la publicité. Ce n'est pas
    normal et ça m'énerve beaucoup.

9   Les publicités sont souvent assez originales. Quelquefois,
    le produit ne m'intéresse pas mais la publicité m'amuse.

10 Il y a beaucoup de publicités pour les enfants avec des animaux,
    des vrais animaux ou des animaux de BD. Ça m'amuse beaucoup.

/10

Total: /20

Contrôle d'écoute (1)   **Listening (1)**

1 Ecoute **1–6** et choisis les dessins exacts **A–H**.
Listen to **1–6** and select the correct pictures **A–H**.

A   B   C   D

E   F   G   H

1 __   2 __   3 __   4 __   5 __   6 __   (6 points)

2 Ecoute la mère d'Alexia dans un supermarché (**1–6**) et complète la grille en anglais.
Listen to Alexia's mother at a supermarket (**1–6**) and complete the grid in English.

	Where to?	Why?
1		
2		
3		
4		
5		
6		

(9 points)

Contrôle d'écoute (2)   Listening (2)

3 Fais correspondre les questions **1–7** et les réponses sur cassette **A–E**.

Only five of questions **1–7** are answered on cassette **A–E**. Write the correct letter alongside the correct question.

---
message X

- The questions are answered in a jumbled-up order.
- Two questions should remain blank because they are not answered on cassette.
---

1   Est-ce que tu regardes la télé quand tu manges? ____

2   Pourquoi est-ce que tu n'aimes pas la science-fiction? ____

3   Pourquoi est-ce que tu regardes beaucoup la télévision? ____

4   Pourquoi est-ce que tes parents ne regardent jamais la télévision? ____

5   Combien d'heures est-ce que tu regardes la télévision? ____

6   Quels films est-ce que tu aimes à la télévision? ____

7   Est-ce que tu regardes souvent les séries américaines? ____

(7 points)

4 Ecoute le dialogue et complète **1–7**.

Listen to the dialogue and complete **1–7**.

Section A

1   Mme Siche aime seulement les films comiques et _____ .

2   Ce soir, M. et Mme Siche vont regarder un film _____ .

3   Le film commence à ____h____ .

Section B

4   M. et Mme Siche regardent la télé _____ et _____ le dîner. (quand?)

5   M. Siche trouve ça normal. Il regarde la télé parce qu'il _____ .

6   Chaque jour, M. et Mme Siche regardent la télé pendant ____ heures.

7   M. Siche préfère la télé parce que c'est _____ et parce que c'est
_____ .

(8 points)

Unités 7–8: Contrôle continu

formule X LEVEL 2

Feuille **3** Nom _____

Contrôle de lecture (1) — Reading (1)

1 Faites correspondre les dessins **1–7** avec les promotions **A–G**.
Match pictures **1–7** with special offers **A–G**.

1   2   3   4   5   6   7

A *Un paquet de café gratuit pour le shopping de plus de 40 €!*

B **Jambons français . . . italiens . . . espagnols . . . Aujourd'hui, promotion sur les jambons! Moins 15% au rayon charcuterie!**

C Vous cherchez une chanson récente ou un album ancien? Vous avez maintenant un choix énorme, avec un rayon deux fois plus grand!

D Venez au rayon fruits et légumes pour le magazine gratuit du mois d'avril!

E Demandez le ticket «Magique» chaque semaine au rayon boissons. Un ticket maximum par personne par semaine. Et . . . avec dix tickets: une bouteille de champagne (75cl)!

F **Vite! Le pot de 500g de glace super-luxe à la fraise à 2,5€ seulement! Mais attention: seulement entre midi et 13h30!**

G Vous voulez acheter un saucisson italien? Vous n'allez pas partir avec un saucisson, mais avec deux. Oui, deux! Et vous n'allez pas payer le deuxième! C'est délicieux quand c'est gratuit!

1 ___ 2 ___ 3 ___ 4 ___ 5 ___ 6 ___ 7 ___   (7 points)

2 Regarde les promotions **A–G** (exercice 1) et réponds aux questions **1–7**.
Look at special offers **A–G** (exercise 1) and answer questions **1–7**.

Which of **A–G** . . .

1 . . . offers everyone something for free this month? ___

2 . . . offers something for free if you spend a lot? ___

3 . . . describes an offer available for a very limited time only? ___

4 . . . encourages you to go to the music department? ___

5 . . . offers two for the price of one? ___

6 . . . offers a reduction in price all day today? ___

7 . . . offers a deal available only over a lengthy period of time? ___   (7 points)

Contrôle de lecture (2)   **Reading (2)**

3 Réponds aux questions **1–9** à l'aide de **A–G**.

Answer questions **1–9** using **A–G**.

A Les films intéressants commencent souvent après 21h et je dois me coucher à 21h30 pendant la semaine.

B Il y a des films de nationalités différentes, alors on peut regarder un film français aujourd'hui . . . un film italien demain . . . et je trouve ça original et moins ennuyeux.

C Il y a des acteurs excellents, c'est vrai, mais on ne voit pas assez d'acteurs différents à la télé. Je ne sais pas pourquoi.

D Je ne comprends pas pourquoi on montre beaucoup de films violents à la télévision, dans les films ou dans les séries. Il y a beaucoup de films amusants qui sont au cinéma mais qui ne sont jamais à la télé.

E On voit beaucoup de films violents à la télé, c'est vrai. Les films violents ne sont pas toujours très réalistes mais ils sont inventifs, et ça, c'est important. Alors pour moi, ce n'est pas un problème.

F Maintenant, on a beaucoup de chaînes, TF1 . . . France 2 . . . France 3 . . . le satellite . . . mais il y a trop de jeux-télé. Et en plus, la télévision française copie souvent des jeux-télé anglais ou américains. Ce n'est pas très original!

G Le soir, à la télé, les films commencent rarement avant 9h et je dois me coucher à 9h30, mais moi, en général, je préfère voir les films au cinéma, alors ce n'est pas un problème. Ma passion, c'est les jeux-télé, qui sont souvent le soir entre 6h et 7h30, alors je fais mes devoirs quand je rentre à la maison après le collège, et après, je peux regarder un ou deux jeux avant le dîner.

1 Who is fond of TV game shows? ____

2 Who doesn't mind films starting late in the evenings? ____

3 Who would prefer to see more humour and less violence on TV? ____

4 Who gets fed up with seeing the same faces all the time on TV? ____

5 Who gets tired of TV game shows? ____

6 Who wishes films would start earlier? ____

7 Who doesn't mind violence on TV? ____

8 Who doesn't like French TV imitating foreign programmes? ____

9 Who enjoys foreign films? ____

(9 points)

Contrôle de lecture (3)   Reading (3)

4 Lis la rédaction de Marlène sur les supermarchés et réponds «vrai» ou «faux» (1–7).
Read Marlène's essay about supermarkets and answer 'true' or 'false' (1–7).

> Mes parents et moi, nous aimons beaucoup les supermarchés pour faire le shopping parce que nous avons une voiture et il y a toujours un grand parking gratuit. En plus, les produits sont très variés: nous n'achetons pas seulement pour manger ou pour boire. Par exemple, demain soir, nous allons aussi regarder le rayon vêtements et les rayons pour le sport et les autres loisirs.
>
> Mes parents ne travaillent pas le week-end, mais nous préférons faire le shopping le vendredi soir parce que les rayons sont plus complets. Aller au supermarché, c'est un peu comme un loisir. J'adore comparer les différents produits et je rencontre quelquefois des copains ou des copines. En plus, nous dînons souvent au supermarché parce qu'il y a une cafétéria, une pizzeria et un fast-food. C'est rapide, ce n'est pas très cher et c'est plus simple parce que mes parents n'aiment pas préparer à manger le vendredi soir. C'est une habitude!
>
> Mes grands-parents préfèrent les magasins plus petits parce qu'ils n'ont pas de voiture. Ils peuvent aller à un supermarché en autobus, mais c'est un peu difficile parce qu'il y a dix minutes à pied pour prendre le bus. Demain, ils vont venir avec nous au supermarché mais nous allons manger chez nous parce qu'ils n'aiment pas dîner dans une atmosphère trop bruyante.

1 Marlène et sa famille vont aller faire du shopping ce soir. _____

2 Ils vont seulement au supermarché pour manger et pour boire. _____

3 Marlène va quelquefois au supermarché avec des copains ou des copines._____

4 Les parents de Marlène ne peuvent pas aller au supermarché le week-end. _____

5 Pour Marlène, aller au supermarché est amusant mais fatigant. _____

6 Marlène va quelquefois au supermarché en autobus avec ses grands-parents. _____

7 Cette semaine, Marlène, ses parents et ses grands-parents ne vont pas manger au supermarché. _____

(7 points)

Contrôle écrit (1)   Writing (1)

1 Ecris ton opinion sur cinq types de programmes-télé différents.
Write your opinion about five different types of TV programmes (for example 'cartoons', but in French!).

message X

Opinions: Don't just use the French for 'I like …'
For example, write about types of programmes which you adore, which you like a lot, which you don't like very much or which you don't like at all.

1 _____ .

2 _____ .

3 _____ .

4 _____ .

5 _____ .

(5 points)

2 Invente cinq promotions différentes pour un supermarché.
Make up five different supermarket special offers.

message X

- As a guide, write between five and 12 words per special offer.
- Start each special offer with a verb in the imperative ending in *-ez*.
- Vary the vocabulary (verbs, nouns, etc.) as much as possible.

1 _____

_____

_____

2 _____

_____

_____

3 _____

_____

_____

4 _____

_____

_____

5 _____

_____

_____

(8 points)

Contrôle écrit (2) | Writing (2)

3 Recopie le modèle, mais change
les mots soulignés.
Copy the message below, changing
the underlined words.

message **X**
- Change the department store to a supermarket.
- Change your grandmother to your grandparents.
- Change the rest as you like!

Il y a <u>un grand magasin</u> à deux kilomètres de <u>chez ma grand-mère</u>.
<u>Samedi matin</u>, <u>elle va aller</u> <u>au grand magasin</u> <u>en autobus</u>. Après,
<u>elle va prendre un café</u> <u>dans un fast-food</u> et <u>elle va aller à la bibliothèque</u>
pour <u>changer ses livres</u>.

_____

_____

_____

_____

_____

(8 points)

4 Choisis une personne (par exemple ton frère, une copine, etc.) et écris 50–70 mots.
Le thème: la télé.
Write 50–70 words about someone's TV habits, likes, dislikes, etc. You can, for example,
write about a friend or a relative, but don't write about yourself. Count programme titles
in English as extra words.

_____

_____

_____

_____

_____

(9 points)

Unités 7–8: Contrôle continu

Feuille **8** Nom ....

formule
X
LEVEL **2**

Contrôle oral (1) Speaking (1)

1 Imagine que tu es au supermarché. Qu'est-ce que tu veux acheter? Et où?
Prépare-toi à mentionner cinq choses.

Imagine that you are at a supermarket. Prepare to mention five things you
want to buy, and where exactly in the supermarket. The pictures are there
to jog your memory, but you can mention other things too.

Exemple

> Je veux acheter . . . au rayon . . .

(5 points)

2 Prépare toi à répondre à environ cinq questions de ton professeur.

Prepare to answer approximately five questions. The questions below are there to give
you an indication of what your teacher might ask.

Il y a combien de radios/télévisions chez toi?

Les télévisions sont dans quelle pièce?

Est-ce que tu as une radio/télévision dans ta chambre?

Est-ce que tu voudrais avoir une radio/télevision dans ta chambre?

Pourquoi est-ce que tu voudrais avoir une radio/télévision dans ta chambre?

Est-ce que c'est bruyant chez toi quand tu fais tes devoirs? Pourquoi?

Qui a une radio chez toi?

Est-ce que tu préfères regarder la télé ou surfer sur Internet? Pourquoi?

Est-ce que tu préfères regarder la télé ou sortir?

Est-ce que tu peux regarder la téle quand tu veux? (donne des détails) (8 points)

Contrôle oral (2)   Speaking (2)

3 Entraîne-toi à jouer le rôle **A** et le rôle **B**.

Practise playing role **A** and role **B** in the dialogue below.

> **message** **X**
>
> • You learnt everything you need to say here either in Units **7–8**
>   or in earlier units, including **Formule X 1**.
> • This is not a word-for-word translation exercise, so don't make
>   it more difficult than it is. Read what it says each time, then turn
>   it into your own words.

A

Ask B to come to the supermarket with you.

Say that you don't want to go to the supermarket alone.

Say that you have 15 € and that the comics are not expensive at the supermarket.

Say that you know B's friend and that (s)he can come to the supermarket too.

Ask why not.

B

Ask what for. Say that you want to stay at home this morning.

Say that you are sorry, but you don't have a lot of money.

Say that your friend (name?) is going to come round to your place this morning.

Say that you don't want to buy comics and that you don't like going to the supermarket.

Say that it is too far.

(8 points)

Unités **7–8**: Contrôle continu

Feuille **10** Nom _____

LEVEL **2**

Contrôle oral (3)   Speaking (3)

3 Au choix: fais **A** ou **B**.

Do either task **A** or task **B**.

A Entraînez-vous à faire un dialogue à deux.

Work in pairs to invent a dialogue.

Scénario:

- C'est le soir.
- Vous êtes à maison.
- Vous voulez regarder un programme différent à la télévision.

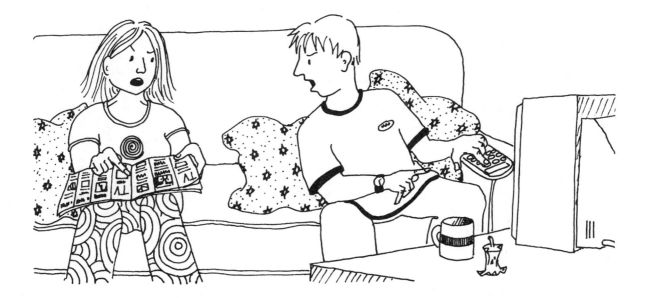

B Le thème: la télévision. Entraîne-toi à faire un exposé à l'aide du guide.

Prepare to make an oral presentation about you and television using the notes from the three sections below as a guide.

J'aime . . .	*Je n'aime pas . . .*	*Ce soir, . . .*
Titre du programme?	*Titre du programme?*	*Qu'est-ce que tu vas regarder?*
Quel type de programme?	*Quel type de programme?*	*Quand?*
Raisons de ton opinion?	*Raisons de ton opinion?*	*Pourquoi?*
Quel(s) jour(s)?	*Quel(s) jour(s)?*	
Quelle heure?	*Quelle heure?*	
Acteur(s)/Actrice(s)?	*Acteur(s)/Actrice(s)?*	

(9 points)

formule

LEVEL **2**

Je peux faire une boum?

Feuille **1A**

Remplis chaque blanc avec un mot ou plus.

> *Père* – Coralie, ça va? Tu _____ très calme ce soir . . .

> *Coralie* – Non, non, ça va, mais . . . est-ce que _____ faire une boum le mois prochain?

> *Belle-mère* – Pourquoi _____ ! Quand _____ tu _____ faire une boum?

> *Coralie* – Euh . . . Le 7 mai, par exemple. C'est un samedi.

> *Père* – Ah, tes grands-parents _____ venir pour le week-end.

> *Coralie* – Alors le 14, _____ ?

> *Belle-mère* – Oui, je _____ .

> *Père* – Qui est-ce que tu vas inviter?

> *Coralie* – Bof, environ 20 personnes. Je vais inviter des copains du collège et du club des jeunes.

> *Père* – Tu _____ faire ta boum dans le garage et dans le jardin.

> *Coralie* – Oui, d'accord. Est-ce que mes copines _____ dormir ici?

> *Belle-mère* – Oui, _____ . Pourquoi pas!

> *Père* – Tu pourrais aussi inviter les copains de ta sœur.

> *Coralie* – Ah, non! C'est *ma* _____ !

Feuille **1B**

Quand est-ce que		va finir?
Qui		manger à la boum?
Qui est-ce que		préparer la boum?
Où est-ce que	vous allez	inviter?
Pourquoi est-ce que	va	faire la boum?
A quelle heure est-ce que	la boum	dormir chez vous?
Avec qui est-ce que		boire à la boum?
		va commencer?

24 heures avant la boum

Feuille **2A**

Mets les verbes à l'impératif.

1   _____-moi quand je parle, s'il vous plaît! (écouter)

2   _____-moi, s'il te plaît: je ne comprends pas. (expliquer)

3   Oh, non! Papa, _____-moi: je suis sale! (regarder)

4   _____-moi un chewing-gum, s'il vous plaît. (donner)

5   Vous avez le CD de *Zebda*? _____-moi! (montrer)

6   _____-moi un plan de ton village. (dessiner)

7   Vous avez de l'argent? _____-moi une BD à la librairie. (acheter)

8   _____-moi une chanson de *Louise Attaque*, s'il te plaît. (chanter)

9   _____-moi un sandwich, s'il vous plaît. (faire)

10   _____-moi un poème en espagnol, s'il te plaît. (lire)

eXpo

Feuille **2B**

Souligne l'expression exacte dans chaque phrase.

1   Est-ce que vous pouvez répéter **toujours/encore une fois/le matin**?

2   Est-ce que vous pouvez répéter **l'après-midi/la semaine/maintenant**?

3   J'ai oublié mon livre. **Quelquefois/Jusqu'à/Aujourd'hui**, je dois partager avec toi.

4   J'ai oublié mon livre. **Ce matin/Avant/Rarement**, je dois partager avec toi.

5   Mon anniversaire est **en janvier/pendant/quelquefois**.

6   Mon anniversaire est **la semaine/deux fois par mois/le mois prochain**.

7   Faites du sport! Entraînez-vous **souvent/à quelle heure/jamais**.

8   Faites du sport! Entraînez-vous **toujours/le week-end/pendant**.

9   Mes parents ne vont **toujours/la nuit/jamais** en ville le week-end.

10   Maintenant, je vais faire des devoirs **en janvier/cinq fois par semaine/après**.

Du ketchup et des chips

		un gâteau
		des œufs
		du beurre
		du ketchup
		du jus de fruits
		de la crème
		des chips
		des biscuits

eXpo

maintenant – now
aujourd'hui – today
demain – tomorrow

le matin – (in) the morning
ce matin – this morning

l'après-midi – (in) the afternoon
cet après-midi – this afternoon

le soir – (in) the evening
ce soir – this evening; tonight

jusqu'à – until
avant – before
après – after
pendant – during

Quand?

à quelle heure? – at what time?
à trois heures – at three o'clock
à midi – at midday
à minuit – at midnight

la nuit – the night; at night
le jour – (during) the day

en janvier – in January
le 29 janvier – on 29 January

la semaine – (during) the week
la semaine prochaine – next week
le mois prochain – next month
le week-end – the weekend; at weekends
le week-end prochain – next weekend

lundi – (on) Monday; on Mondays
le lundi matin – on Monday mornings

ne . . . pas – not (↔ don't, isn't, etc.)
ne . . . jamais – never

rarement – rarely
quelquefois – sometimes
souvent – often
toujours – always

Fréquence

une fois – once
encore une fois – once more; once again
une fois par jour – once a day

deux heures par jour – two hours a day
deux heures par semaine – two hours a week
deux heures par mois – two hours a month

te**X**to

On mange!

Trouve les traductions à l'aide du contexte ou d'un dictionnaire. Trace des lignes.

1	un bol	**a**	honey
2	un enfant	**b**	meat
3	une tartine	**c**	jam
4	une biscotte	**d**	a bowl
5	du miel	**e**	a slice of French toast
6	de la confiture	**f**	a slice of bread
7	un repas	**g**	a child
8	l'école	**h**	potatoes
9	de la viande	**i**	a meal
10	des pommes de terre	**j**	school

/10

teXto pp112–113

Vrai ou faux? Vérifie dans *teXto*.

1 Les allergies ne sont pas un problème parce qu'il existe un vaccin.
2 Le goûter est important pour les enfants le matin.
3 En général, les Français ne mangent pas beaucoup le soir.
4 Quelquefois, dans les écoles, les cantines ne préparent pas les repas.
5 Les adultes boivent souvent du chocolat chaud pour le petit déjeuner.
6 C'est officiel: les allergies aux aliments sont héréditaires.
7 Dans les écoles françaises, 50% des enfants mangent à la cantine.
8 Les enfants adorent les repas dans les cantines françaises.
9 Il existe des restaurants «fast-food» en France.
10 Les personnes avec des allergies alimentaires sont en majorité des enfants.

/10

On s'amuse

Total: /20

RelaX!

mayonnaise	de la mayonnaise
mustard	de la moutarde
pepper	du poivre
salad dressing	de la vinaigrette
salt	du sel

bacon	du bacon
cheese	du fromage
grated cheese	du fromage râpé
ham	du jambon
a hamburger	un hamburger
a hard-boiled egg	un œuf dur
a sausage	une saucisse
yoghurt	du yaourt

cocoa powder	du cacao
honey	du miel
jam	de la confiture
melted chocolate	du chocolat fondu
peanut butter	du beurre de cacahuète
popcorn	du pop corn
raisins	des raisins secs
sugar	du sucre

cornflakes	des cornflakes
a croissant	un croissant
a pancake	une crêpe
a slice of bread	une tranche de pain
a slice of toast	une tranche de pain grillé

a banana	une banane
grapes	des raisins
an orange	une orange
a slice of tomato	une tranche de tomate
a slice of apple	une tranche de pomme
a slice of lemon	une tranche de citron

add	ajoute
decorate with	décore avec
mix	mélange
put	mets
spread	étale

a bowl	un bol
a glass	un verre
a plate	une assiette

La boum, c'était bien?

Feuille **1A**

message X

Here are useful phrases to help you do activity **4** p115.
If you feel bold enough, you can adapt them slightly, for example by
changing the names or the times.

… une chanson des Beatles.

… avec la copine de Ryan.

… des dessins animés.

… avec le père de Coralie.

… le frère de Stéphane.

… jusqu'à une heure.

… Rémi en ville après le collège.

… les copains de Tom.

… trois chansons.

… avec le copain de ma sœur.

… le tennis à la télévision.

… Vanessa au cinéma samedi.

… jusqu'à minuit.

… des CD français.

Feuille **1B**

Tu as … ?
Est-ce que tu as … ?
J'ai …

mangé

dansé

regardé des vidéoclips

chanté au karaoké

écouté des CD

surfé sur Internet

joué avec le chien de Coralie

aidé dans la cuisine

aidé dans le jardin

donné un CD à Coralie

joué au tennis

parlé avec les parents de Coralie

La boum, c'était super!

Chez Coralie, après la boum

te**X**to

Qu'est-ce que tu as fait?

Remplis les bulles à l'aide du modèle p124.

Recopie les verbes p124, mais change le reste.

La culture hip-hop

Recopie les verbes au passé composé (in the perfect tense).

a célébré

_____   _____

_____   _____

_____

_____

Spécial Guyane: la Légion étrangère

Fais correspondre les noms **1–8** et les adjectifs **a–h** de mémoire ➜ vérifie p125.

1 La Légion   **a** secret

2 une formation   **b** stricte

3 un passé   **c** excellente

4 des activités   **d** française

5 une discipline   **e** militaire

6 la nationalité   **f** différent

7 un nom   **g** criminelles

8 une réputation   **h** étrangère

Contrôle d'écoute (1) Listening (1)

 Ecoute **1–6** et trouve les dessins (**A–H**).

Match each recorded item (**1–6**) with the correct picture (**A–H**).

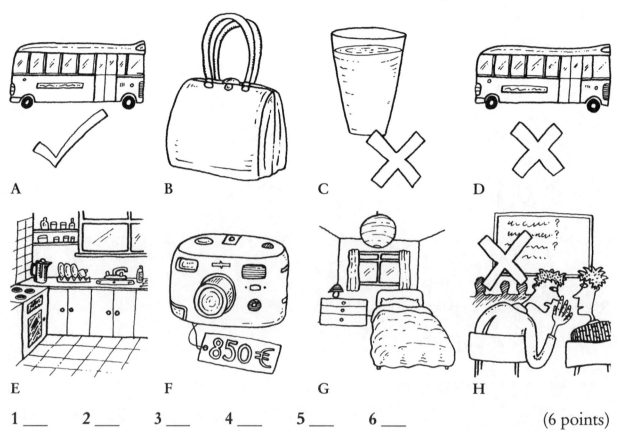

A B C D

E F G H

1 ___ 2 ___ 3 ___ 4 ___ 5 ___ 6 ___ (6 points)

 Ecoute **1–6**. Ils parlent de quoi? Coche la grille.

Listen to **1–6**. Which topics are they talking about? Tick two columns each time.

	Au collège	Les corres-pondants	Le shopping	La télé	Les boums	Ville ou village
1						
2						
3						
4						
5						
6						

(6 points)

Contrôle d'écoute (2) Listening (2)

3 Complète les notes en anglais à l'aide des cinq conversations.
Complete the notes in English with the help of the five phone conversations.

1 Youri is _____ because he _____ at 9.00 during
   the week.

2 Yasmina wants to _____ but she only has _____ .

3 To get to his friend's from the swimming pool, Samy must _____

   _____ . His friend lives at number _____ .

4 Lucie wants to know what her friend _____ to Thierry's

   party and whether she is going to _____ .

5 Valentin phones because he _____ on Saturday.

   Patrick says that _____ .

   (6 points)

4 Réponds aux questions **1–7** à l'aide du dialogue entre Tom et Emilie.
Answer **1–7** with the help of the recorded dialogue between Tom and Emilie.

Section A

1 La boum est quand? _____

2 Où?
   a Chez les cousins de Tom; **b** Dans un club des jeunes.

3 Emilie doit apporter _____ et _____ .

4 Tom va apporter _____ .

Section B

5 Après la boum, Emilie va dormir où? ___
   a Chez elle; **b** Chez Tom; **c** Chez les cousins de Tom.

6 Elle va rentrer comment? _____

7 Avec qui? _____

   (8 points)

Contrôle de lecture (1)   Reading (1)

1 Choisis le dessin exact.

Select the correct picture by ticking **A**, **B** or **C**.

1 Prends la première rue à droite.

A 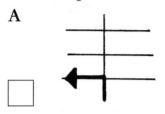   B 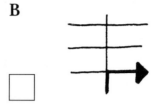   C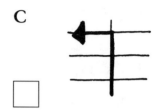

☐   ☐   ☐

2 Il y a trop de voitures dans ma ville.

A    B    C

☐   ☐   ☐

3 Mon village n'est pas très moderne.

A    B    C

☐   ☐   ☐

4 Je mange beaucoup de légumes.

A 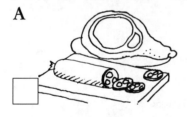   B    C

☐   ☐   ☐

5 Venez demander le cadeau-surprise gratuit!

A    B    C

☐   ☐   ☐

6 A la télé, j'adore les dessins animés.

A    B    C

☐   ☐   ☐

(6 points)

Unités 1–10: Examen
Feuille **4**   Nom --

formule
X

Contrôle de lecture (2)   Reading (2)

2 Complète le message avec des mots de l'encadré.
Complete the message with some of the words in the box.

matin	ordinateur	original	parler	pour	pourrait
prochaine	publicité	rencontrer	travailler	trouvé	

Demain _____ , je vais finir mon poster avec David. C'est

_____ faire de la _____ pour la fête du collège. Nous avons

_____ un programme génial et très _____ sur son

_____ pour faire des dessins! Pour la fête, on _____ aussi

organiser une loterie: je vais _____ avec le prof de français la semaine

_____ .

(9 points)

3 Faire du sport et bien manger, boire et dormir: c'est important! Qui gagne?
Who is best in terms of healthy living? For each question, circle **A**, **B** or **C**.

1 A Alexis mange seulement des fruits le week-end.
   B Vincent mange quelquefois des fruits le matin au petit-déjeuner.
   C Pradeep mange des fruits deux fois par jour.

2 A Mélodie fait du sport le matin et le soir.
   B Morgane fait du sport une fois par semaine au collège.
   C Pauline ne fait jamais de sport.

3 A Clément va au collège en voiture avec sa mère.
   B Félix va souvent au collège à pied.
   C Thomas va rarement au collège à pied.

4 A Nicole boit très rarement du coca.
   B Claudia boit du coca matin, midi et soir.
   C Céline boit du coca environ une fois par jour.

5 A Hugo ne mange jamais ses légumes.
   B Nicolas mange trop d'œufs.
   C Didier mange souvent des légumes.

6 A Claire se couche avant 21h pendant la semaine.
   B Yasmina se couche rarement avant 23h.
   C Julie se couche toujours après 21h.

(6 points)

Contrôle de lecture (3)   Reading (3)

4 Trouve l'histoire complète: fais correspondre **A – I** avec **1–9**.
Find the full story: match **A – I** with **1–9**.

1 Ce matin, au supermarché,

A alors j'ai été au rayon musique, mais seulement pour regarder.

2 C'est normal, parce que

B elle a regardé les CD pendant quelques minutes, puis elle a acheté un CD de musique techno!

3 D'abord, j'ai regardé

C c'était très bruyant et il y avait beaucoup de personnes.

4 C'est parce que c'était

D «Mais quelle surprise samedi au supermarché! Vous ne préférez pas les Beatles?»

5 Je n'ai pas aimé les sacs,

E c'est samedi et c'est toujours comme ça le samedi ou le vendredi soir.

6 Là, devant les CD, tu sais

F lundi matin, alors j'ai une idée: je vais parler avec elle.

7 C'était la prof de sciences:

G les sacs de sport au nouveau rayon loisirs entre le rayon musique et le rayon cadeaux.

8 J'ai sciences avec elle

H qui j'ai vu? Je suis sûr que tu ne vas pas deviner!

9 Je vais dire:

I mon anniversaire cette semaine et ma famille m'a donné 40 €.

1 ___	**4** ___	**7** ___
2 ___	**5** ___	**8** ___
3 ___	**6** ___	**9** ___

(9 points)

Contrôle écrit (1)   Writing (1)

1 Fais une liste de six choses que tu dois faire ce week-end.
Draw up a list of six things you must do this weekend.
The pictures are there to give you a few ideas, but you can
write about anything you like.

Exemple
. . . chercher mon cahier de maths dans la maison.

> **message** X
> - Write at least five words for each item.
> - Don't keep repeating the same nouns or verbs.

Ce week-end, je dois . . .

1 _____

2 _____

3 _____

4 _____

5 _____

6 _____

(6 points)

Contrôle écrit (2)   Writing (2)

2 Présente-toi un peu: complète chaque
section avec environ 20 mots.
Write about yourself: fill in each box with
around 20 words.

message **X**

Write in full sentences if you can; avoid
just writing lists of nouns, and avoid using
the same words all the time.

Routine
_____
_____
_____
_____

Correspondants
_____
_____
_____
_____

Maison/appartement
_____
_____
_____
_____

(10 points)

formule
X

Contrôle écrit (3)   **Writing (3)**

3 Lis l'extrait. Imagine que c'est une lettre de ton correspondant.
Ecris une lettre pour répondre à ses questions. Ecris au moins 80 mots.

Imagine that the letter extract below is from your penfriend.

Write a letter (with date, etc.) to answer his questions. Try to write at least 80 words.

> J'aimerais bien venir chez toi, mais je ne suis pas sûr, j'hésite. C'est bien dans ta région? Ta famille est sympathique? Qu'est-ce que tu fais le week-end? Par exemple, qu'est-ce que tu vas faire ce week-end?

(14 points)

Contrôle oral   Speaking

1 Réponds aux six questions de ton professeur sur les Unités **1–10**.
Answer your teacher's six questions about Units **1–10**.

(6 points)

2 Prépare-toi aux deux rôles pour chaque carte. Une personne pose les questions.
L'autre personne lis les réponses à voix haute.
Prepare to do both parts of each card. One person asks the questions and the
other reads out the answers given.

CARTE A

1 ___?___   Non, je me lève avant mes parents.

2 ___?___   Le soir? Je fais mes devoirs et je regarde la télé.

3 ___?___   Je quitte la maison à 8h15.

4 ___?___   Je vais au collège à pied.

5 ___?___   Parce que je n'aime pas la cantine.

CARTE B

1 ___?___   Non, ma chambre est en haut.

2 ___?___   Le samedi, je reste à la maison ou je vais en ville.

3 ___?___   Je rentre chez moi à 4h30.

4 ___?___   A la piscine? Le samedi. Je vais à la piscine le samedi.

5 ___?___   Une platine laser? Bof . . . environ 80 €.

(10 points)

3 Imagine que tu as été à une boum le week-end dernier. Prépare-toi à parler de la
boum pendant une ou deux minutes, avec un minimum de notes.
Imagine that you were at a party last weekend. Prepare to talk about it for a minute or
two, using minimal notes.

(14 points)

A Loisirama

Les verbes (révision)

acheter – to buy (j'achète)

adorer – to adore (j'adore)

aider – to help (j'aide)

aimer – to like (j'aime)

aller – to go (je vais)

aller chercher – to fetch (je vais chercher)

s'appeler – to be called (je m'appelle)

apporter – to bring (j'apporte)

apprendre – to learn (j'apprends)

arriver – to arrive (j'arrive)

avoir – to have (j'ai)

boire – to drink (je bois)

changer – to change (je change)

chanter – to sing (je chante)

chercher – to look for (je cherche)

commencer – to start (je commence)

comprendre – to understand (je comprends)

connaître – to know (je connais)

corriger – to correct (je corrige)

se coucher – to go to bed (je me couche)

courir – to run (je cours)

danser – to dance (je danse)

décorer – to decorate (je décore)

déjeuner – to have lunch (je déjeune)

demander – to ask (for) (je demande)

dessiner – to draw (je dessine)

dîner – to have dinner (je dîne)

écouter – to listen (j'écoute)

écrire – to write (j'écris)

entendre – to hear (j'entends)

être – to be (je suis)

devoir – to have to (je dois)

dormir – to sleep (je dors)

faire – to do (je fais)

finir – to finish (je finis)

habiter – to live (in) (j'habite)

inviter – to invite (j'invite)

jouer – to play (je joue)

se lever – to get up (je me lève)

lire – to read (je lis)

manger – to eat (je mange)

mettre – to put (je mets)

offrir – to give (j'offre)

oublier – to forget (j'oublie)

parler – to speak (je parle)

partager – to share (je partage)

partir – to leave (je pars)

payer – to pay (je paie)

perdre – to lose (je perds)

pouvoir – to be able to (je peux)

pratiquer – to practise (je pratique)

préférer – to prefer (je préfère)

prendre – to take (je prends)

préparer – to prepare (je prépare)

quitter – to leave (je quitte)

recopier – to copy out (je recopie)

refuser – to refuse (je refuse)

regarder – to look at/watch (je regarde)

rencontrer – to meet (je rencontre)

rentrer – to go home (je rentre)

répéter – to repeat (je répète)

se reposer – to have a rest (je me repose)

rester – to stay (je reste)

sortir – to go out (je sors)

surfer – to surf (je surfe)

travailler – to work (je travaille)

trouver – to find (je trouve)

venir – to come (je viens)

visiter – to visit (je visite)

voir – to see (je vois)

vouloir – to want to (je veux)

Qu'est-ce que tu as acheté?

11

Feuille **3**   Nom _____

formule
X
LEVEL **2**

Qu'est-ce que tu as acheté?

Complète la lettre. Technique de travail:

1 minute: cache la lettre p131 et commence la feuille **3**.

1 minute: cache la feuille et relis la lettre.

1 minute: cache la lettre et continue la feuille **3**.

. . . etc.

Loisirama, samedi 10 juin

Chers parents,

C'est super, ici. _____ , _____ la piscine, j'ai fait du shopping.

_____ , j'ai acheté un tee-shirt rouge avec un dessin de Bart Simpson et

j'ai payé 8 €: ce n'était pas très cher. _____ , j'ai acheté des lunettes noires

_____ que j'ai perdu mes lunettes bleues. J'ai payé 25 €. C'était cher,

_____ elles sont géniales. J'ai _____ acheté une casquette verte et grise

pour 12 €. En _____ , je voudrais acheter des baskets blanches et orange,

_____ j'ai seulement 8 €. Ce n'est pas assez!

Mon copain Ahmed a acheté une montre rouge et une casquette marron. Je n'aime

pas beaucoup le marron. Il voudrait _____ acheter des baskets bleues et

noires _____ un sac de sport jaune et vert, _____ il a perdu 20 € à la piscine et

_____ , il n'a pas assez d'argent.

Bonjour à mon chien!

Hugo

---

eXpo

Feuille **4A**

Complète les phrases à l'aide de la cassette et de l'encadré p132 (activité **2**).

1 Tu ne connais pas Brest? C'est _____ la France.

2 Aujourd'hui, je préfère être _____ la fenêtre.

3 La cantine? C'est facile: c'est _____ .

4 Allez au magasin qui est _____ la poste: c'est moins cher.

5 Tu habites _____ ! Est-ce que tu rentres toujours à pied?

6 Est-ce que tu fais du shopping quand tu vas _____ Paris?

7 Répète, je n'entends pas. Je suis _____ !

8 J'ai fait mes devoirs, mais le prof n'est pas _____ aujourd'hui!

9 Est-ce qu'il y a un bowling _____ la rue Mazarin?

10 Le prof est _____ Paul, et Paul joue avec son Nintendo!

Feuille **4B**

Complète les phrases avec des adjectifs de couleur.

1 Papa, est-ce que tu as vu ma casquette _____? (blue)

2 Les profs corrigent souvent avec des stylos _____ . (red)

3 J'ai acheté un poisson superbe: il est _____ et _____ .
(black/yellow).

4 Tes lunettes ne sont pas _____ . Elles sont _____ !
(blue/green).

5 Dans ma chambre, j'ai des meubles _____ . (black)

6 Moi, j'aime assez les vêtements _____ . (brown)

7 Est-ce que tu vas acheter la montre _____ ou _____ ? (orange/green)

8 Est-ce que je peux avoir une feuille _____ , s'il vous plaît? (white)

9 Je suis désolé, je n'ai pas de casquettes _____ . (grey)

te**X**to

Les parcs de loisirs

a Vrai ou faux?

1 La France a 70 parcs de loisirs.

2 Disneyland Paris a plus de visiteurs que le Futuroscope.

3 Vulcania est plus récent que le Futuroscope.

4 Le Parc océanique Cousteau est très populaire.

5 Et le futur? On va probablement inventer des parcs de loisirs plus petits.

b Ecris les verbes en français, à l'infinitif, à l'aide de *Parcs de loisirs* et d'un dictionnaire.

6 to continue: _____

7 to progress: _____

8 to build: _____

9 to open: _____

10 to close: _____

/10

te**X**to pp136–137

Trouve les catégories exactes: trace des lignes.

1 Nantes

2 le Futuroscope

3 l'Auvergne

4 les Bourgogne

5 la pétanque

6 la Bretagne

7 un Optimist

8 un topper

9 la Route du Rhum

10 Peggy Bouchet

a une région française dans l'ouest

b une région française dans le centre

c un bateau plus grand

d une ville française

e un petit bateau

f une championne sportive

g une variété d'escargots

h un centre d'attractions

i un sport très populaire en France

j une compétition en bateau

/10

Total: /20

Un hot-dog, s'il vous plaît

un hamburger	un pain au chocolat	un sandwich au fromage	une crêpe	des frites
un hot-dog	un croissant	un sandwich au jambon	une pizza	du poulet

Qu'est-ce qu'il a fait?

Dans le car, Hugo décide de parler avec Nadia.
Ton objectif: remplir les blancs.

a   Fais des prédictions au crayon dans la marge (margin), à l'aide du contexte.

b   Remplis les blancs à l'aide de la cassette.

– Nadia, qu'est-ce que _____ de faire hier matin?

– J'ai décidé de faire de l'équitation.

– Et est-ce que _____ ?

– Non, alors j'ai pris des photos!

– Et après, _____ de sport?

– Ben ... non. Avec Chloé, on a été à la salle multi-sports mais on n'a pas pu jouer au ping-pong.

– Et ... l'après-midi, _____ à la piscine?

– Tu sais que je suis super en natation, mais j'ai fait une compétition et ...

– _____ ?

– Ben non! J'ai fini troisième! Nulle!

– Ah? Moi, _____ faire du patin à glace.

– Moi aussi, mais c'était un désastre!

– Et le soir, _____ à la discothèque et j'ai vu Chloé, mais toi?

– Ah! Ecoute, j'ai essayé de gagner au karaoké, mais non, j'ai perdu! Et moi, je n'aime pas perdre.

– Alors c'est vrai? _____ au dortoir pour lire des BD?

– Ben oui!

– Mais pourquoi est-ce que _____ avec nous?

– Bof, j'ai pu lire mes BD.

– Tu sais, Nadia, tu es sympa mais tu es bizarre!

formule
X
L E V E L **2**

eXpo

1 Complète les phrases **1–10** avec des verbes au passé composé, au présent ou au futur («aller» + infinitif). Comment choisir? Regarde bien le contexte.

1 Demain, _____ un match de tennis. (on – faire)

2 Hier, Julien _____ en natation. (perdre)

3 _____ . Je peux sortir maintenant? (je/j' – finir)

4 _____ toujours quand tu rentres chez toi? (tu – manger)

5 C'est vrai, _____ toujours bonne en hockey! (elle – être)

6 J'ai de l'argent, _____ sortir maintenant! (je/j' – pouvoir)

7 Quand est-ce que _____ ? Jeudi prochain? (tu – rentrer)

8 Mardi dernier, _____ de faire du patin à glace. (je/j' – essayer)

9 _____ de rester deux semaines? Mais c'est impossible! (tu – décider)

10 Chez moi, _____ toujours des crêpes le samedi. (on – faire)

2 Oralement, avec **1–10**, fais des phrases avec «je/j'»:
au passé composé . . . au présent . . . au futur («aller» + infinitif)

Exemple **1**

> J'ai fait un match de basket.
> Je fais un match de basket.
> Je vais faire un match de basket.

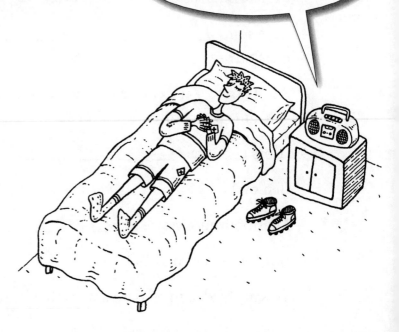

> Tu vas gagner le match . . .
> Tu vas gagner le match . . .
> Tu vas gagner le match . . .

1 faire un match de basket

2 prendre des photos

3 pouvoir acheter une montre

4 gagner en athlétisme

5 être bon en natation

6 lire un livre sur la pêche

7 boire le milk-shake de Frank

8 avoir des cadeaux

9 acheter des lunettes

10 regarder un match

te**X**to

BD
A toi! Invente des bulles.

teXto, Formule X 2, Unités 1–12
Donne ton opinion, de 1 à 3, sur les articles *teXto*.

 1 pas très intéressant   **2** assez intéressant   **2** très intéressant

> **message** X
>
> Have another quick read of items **1–17** to refresh your memory. You need not read them again in great detail.

1 *Départements* pp16–17	☐	**10** *Paris l'hiver* p77	☐
2 *Symboles français* p28	☐	**11** *Quiz-cuisine* p88	☐
3 *La Martinique* p29	☐	**12** *Et la radio? + Flashs 1–2* pp100–101	☐
4 *Les maisons en France* p41	☐	**13** *On mange!* p112	☐
5 *Quiz-historique* p52	☐	**14** *La culture hip-hop* p124	☐
6 *Planète multimédia* p53	☐	**15** *La Légion étrangère* p125	☐
7 *Investisseurs juniors* p64	☐	**16** *Les parcs de loisirs* p136	☐
8 *La Guyane française* p65	☐	**17** *Flashs 1–2* pp136–137	☐
9 *Villes calmes* p76	☐		

RelaX!

---

* Le contraire de «commencer» est:

A continuer   B finir

C essayer   D travailler

---

* «Minuit» a un lien (a link) avec:

A le chiffre 5   B le chiffre 10

C le chiffre 6   D le chiffre 12

---

* Quel est l'intrus (the odd one out)?

A une montre   B une feuille

C un carnet   D un cahier

---

* Où est Brighton (Angleterre)?

A dans le sud   B dans l'est

C dans l'ouest   D dans le nord

---

* Paris est:

A une région   B une ville

C un village   D un pays

---

* On peut faire un milk-shake avec:

A des fraises   B du chocolat

C du jambon   D du lait

---

* Un végétarien ne mange pas de:

A légumes   B fruits

C saucisson   D pain

---

* On ne trouve pas de publicités:

A à la radio   B à la télé

C au cinéma   D dans une piscine

---

* Quel est l'intrus?

A une semaine   B un car

C une voiture   D un vélo

---

* On ne peut pas dire: «J'ai perdu . . . »

A mon frère   B ma chambre

C le match   D mes chips

---

* On ne peut pas faire:

A du tourisme   B de la voile

C au ping-pong   D un sandwich

---

* Un chat ne peut pas être:

A blanc   B gris

C noir   D jaune

RelaX!

** Quel est l'intrus?

A seulement   B hier

C après   D d'abord

** Une chambre ne peut pas être:

A froide   B serviable

C sombre   D chaude

** Quel est le nom masculin?

A cuisine   B chambre

C pièce   D salon

** Quel mot décrit le passé?

A après   B demain

C avant   D toujours

** Un hamster ne peut pas . . .

A boire   B parler

C dormir   D manger

** On peut acheter des timbres:

A à la librairie   B à la pharmacie

C à la boulangerie   D à la poste

** Quel est l'intrus?

A c'est nul   B c'est génial

C c'est super   D c'est bien

** On achète des glaces au rayon:

A boissons   B épicerie

C surgelés   D crémerie

** Un film ne peut pas être:

A gratuit   B effrayant

C bricoleur   D mauvais

** La personne qui n'est pas sûre dit:

A bien sûr!   B pourquoi pas!

C peut-être   D je veux bien

** Quel est l'intrus?

A peut   B pourrais

C pouvons   D prends

** Trouve le participe passé:

A fini   B finis

C finit   D finir

RelaX!

*** Un voisin ne peut pas être:

A clair   B réservé

C sympathique   D désagréable

*** Complète: «Hier, . . . génial.»

A c'est   B il y a

C il y avait   D c'était

*** Quel est le nom féminin?

A shopping   B plage

C tourisme   D camping

*** Winnipeg est une ville:

A au Canada   B aux Etats-Unis

C en Irlande   D en Allemagne

*** Le mot «avec» est:

A un nom   B un adjectif

C une préposition D un adverbe

*** Quel est l'intrus?

A jamais   B rien

C toujours   D quelquefois

*** Quel mot ne décrit pas «où»?

A ici   B pendant

C devant   D là

*** Quel est l'intrus?

A venir   B prendre

C dois   D faire

*** «J'aime les films . . . *Star Wars*»

A pendant   B jusqu'à

C comme   D peut-être

*** On ne peut pas jouer:

A le soir   B seul

C au Scrabble   D des CD

*** Quel est l'intrus?

A des repas   B des souris

C des pays   D des voisins

*** On ne dit pas: «. . . est ta rue?»

A Où   B Comment

C Pourquoi   D Quelle

Contrôle d'écoute (1)   Listening (1)

1 Ecoute **1–7** et trouve l'objet correct **A–H**.
Listen to **1–7** and find the correct object **A–H**.

A   B   C   D

E   F   G   H

1 __   2 __   3 __   4 __   5 __   6 __   7 __

(7 points)

 2 Ecoute **1–6** et complète la grille.
Listen to **1–6** and complete the chart.

	Objet	Détail(s)
1		
2		
3		
4		
5		
6		

(6 points)

Unités **11 – 12**: **Contrôle continu**   *formule* X

Feuille **2**   Nom _____

Contrôle d'écoute (2)   Listening (2)

3 Ecoute **1–5** et explique en anglais pourquoi ils n'étaient pas contents à Loisirama.
Listen to **1–5** and explain in English what exactly made them unhappy at Loisirama.

1 _____

_____

2 _____

_____

3 _____

_____

4 _____

_____

5 _____

_____

(10 points)

4 Ecoute la conversation et prends des notes **1–4** en français.
Listen to the conversation and make notes in French in answer to **1–4**.

1 Les trois activités possibles:

_____

_____

_____

2 Décision (activité): _____

3 Quand? _____

4 Problème: _____

_____

(7 points)

Contrôle de lecture (1)   Reading (1)

1 Lis **1–8** et montre les résultats sur le graphe.

Read **1–8** and transfer the results onto the graph. Leave a blank for activities nobody liked.

A Loisirama, . . .

1 . . . cinq copains et copines ont préféré le roller.

2 . . . huit personnes ont préféré le ping-pong.

3 . . . quatre copains et un prof ont préféré la voile.

4 . . . sept personnes ont préféré le patin à glace.

5 . . . deux professeurs ont préféré le cyclisme.

6 . . . trois copines ont préféré l'équitation.

7 . . . cinq copains ont préféré le karting.

8 . . . la classe n'a pas aimé l'athlétisme.

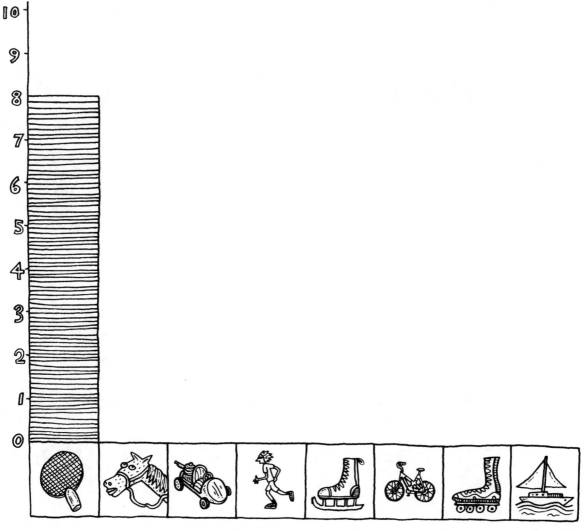

(7 points)

Contrôle de lecture (2)	Reading (2)

2 Lis **1–6** et trouve les dessins **A–F**.
   Find the illustrations **A–F** that match **1–6**.

1   Marianne a décidé de faire du sport, mais elle n'a pas trouvé l'équitation très confortable.

2   Stéphanie est fanatique d'équitation. Elle a fait sa première compétition samedi et elle a gagné.

3   Julie a décidé de visiter un centre d'équitation à dix kilomètres de sa ville, mais elle a trouvé les équipements assez mauvais.

4   Alexia a eu sa première leçon d'équitation pendant le week-end et elle a trouvé le professeur très bon.

5   Marine a essayé de faire de l'équitation une ou deux fois, mais elle a trouvé ça un peu difficile: elle préfère la pêche.

6   Sabine n'a pas pu faire la compétition d'équitation parce qu'elle a attendu le bus jusqu'à 9h50.

A   B   C

D   E   F

1 ___   2 ___   3 ___   4 ___   5 ___   6 ___   (6 points)

Contrôle de lecture (3)   Reading (3)

3 Le complexe sport-loisirs «Les Lilas» a des promotions. Trouvez-les.

Find the special offers currently available at 'Les Lilas' sports and leisure centre.

1 Payez une heure de . . .
2 Tennis moins . . .
3 Un ticket gratuit par personne pour . . .
4 Réduction de 15% sur . . .
5 Vous venez souvent faire de la voile? Payez 3 € . . .
6 Au karting, une casquette gratuite «Les Lilas» . . .
7 Première leçon gratuite pour les moins de 12 ans quand . . .
8 Venez voir nos équipements . . .

    A . . . moins cher après votre troisième visite.
    B . . . pour chaque groupe de dix personnes.
    C . . . ping-pong et jouez 30 minutes en plus.
    D . . . cher le matin avant 10h30.
    E . . . modernisés pour l'athlétisme.
    F . . . vous achetez dix leçons d'équitation.
    G . . . les tee-shirts «Les Lilas».
    H . . . une boisson quand vous faites du roller.

1 ___   2 ___   3 ___   4 ___   5 ___   6 ___   7 ___   8 ___   (8 points)

4 Complète le texte.

Complete the text with the help of the suggestions in the box.

a	avant	c'était	ce n'était pas	connaît	demandé	doit	j'ai
je vais	parce qu'	parlé	pendant	peut	rencontré	va	

_____ le week-end, j'ai _____ de l'argent à mes parents pour

acheter un livre pour le collège. On _____ souvent acheter des livres pour le

français, c'est vrai, et ma mère m'a donné 10 €. Mais . . . _____ pour un

livre, mais pour aller au bowling. C'était bien et j'ai _____ d'autre copains.

Maintenant, _____ un problème! Ma mère _____ bien ma prof de

français _____ elle a travaillé avec elle dans un autre collège pendant trois

ans, et . . . elle _____ rencontrer la prof samedi en ville. Est-ce qu'elles vont

parler de livres et d'argent? Je ne sais pas . . .   (9 points)

Contrôle écrit (1)   Writing (1)

1 Imagine que tu as été à un centre de loisirs: écris ton journal.

Imagine that you have been to a leisure centre and that you are now writing your diary. Complete any five of the seven sentences below with between five and ten words each.

> **message** **X**
>
> Don't just write lists of nouns like 'I ate pizza, chicken and chips.' For some variety, you can write about, for example:
> * what?
> * where?
> * when?
> * with whom?
> * what for? (pour . . .)?

1 J'ai mangé _____

_____

2 J'ai fait _____

_____

3 J'ai joué _____

_____

4 J'ai acheté _____

_____

5 J'ai essayé de _____

_____

6 J'ai refusé de _____

_____

7 J'ai gagné _____

_____

(8 points)

Contrôle écrit (2)   Writing (2)

2 Ecris un message de 20–40 mots à l'aide du scénario.

Write a message of 20–40 words to your friend Maxime about the scenario below.

- You've lost your watch.
- You have looked everywhere at home.
- You went to Maxime's last Sunday: could it be there?

message X

- You can add a few bits of your own, for example that the watch was a present, that you like it very much, etc.
- Under 'You have looked everywhere at home', you don't need to know the French for 'everywhere'. For example, you can say that you looked upstairs, downstairs, in your bedroom, under you bed, etc.

_____

_____

_____

_____

_____

_____

_____

_____

_____

_____

(10 points)

Unités **11 – 12**: Contrôle continu

formule
X

Feuille **8**   Nom _____

Contrôle écrit (3)   **Writing (3)**

3 Invente un dialogue entre trois ou quatre personnes dans une cafétéria.
Write a dialogue between three or four people in a cafeteria. Write about:
- food and drink;
- last Sunday;
- plans for next Sunday.

(12 points)

Contrôle oral (1)   Speaking (1)

1 Imagine que tu es en visite dans un collège français. Aujourd'hui, il y a une journée «portes ouvertes» avec beaucoup d'activités possibles. Prépare-toi à poser six questions de ton choix à la réception.

Imagine that the French school you are visiting is having an open day today, offering a wide choice of activities. Prepare six questions to ask at reception.

> **message** **X**
>
> You can use a cue card with words or pictures on it, but it should not contain more than two words for each question you are planning to ask.

(8 points)

2 Prépare-toi aux deux rôles pour chaque carte. Une personne doit poser les questions. L'autre doit lire les réponses.

Prepare to do both parts of each card. One person asks the questions. The other reads out the answers.

CARTE A

1 ___?___   Non, j'ai été au centre commercial.

2 ___?___   J'ai acheté une montre.

3 ___?___   Pour la montre? J'ai payé 38 €.

4 ___?___   Oui, j'ai mangé une crêpe.

5 ___?___   Je ne peux pas. Je dois rentrer chez moi.

CARTE B

1 ___?___   Non, j'ai été au cinéma.

2 ___?___   J'ai regardé un film d'horreur.

3 ___?___   Avec ma carte, j'ai seulement payé 3 €.

4 ___?___   Non, mais j'ai bu un milk-shake.

5 ___?___   D'accord! Pourquoi pas?

(12 points)

formule **X** LEVEL **2**

Contrôle oral (2)   Speaking (2)

3 Imagine que tu parles à ton correspondant ou ta correspondante au téléphone.

Scénario: il ou elle voudrait venir, mais il/elle n'est pas sûr. Tu dois trouver des arguments.

Imagine that you are speaking to your French penfriend on the telephone.

Scenario: (s)he is not sure whether to visit you, so you must think up some convincing arguments.

---

message X

- In your monologue, you can first say a few good things about your town.

- Next, you can describe:
  - things you do at weekends, with opinions:

    Le week-end, . . .

  - things you did last weekend:

    Par exemple, samedi, j'ai . . .

  - things you will or could do when your penfriend comes to visit:

    Quand tu vas venir, on va . . .

    Quand tu vas venir, on pourrait . . .

(10 points)